U0487174

课题研究领导小组

王海林　全国人大代表，四川省政协常委、经济委员会主任
　　　　四川省委省政府决策咨询委员会副主任
　　　　原四川省经济和信息化委员会党组书记、主任

蒲　云　西南交通大学党委常委、副校长，教授
　　　　四川省产业经济发展研究院院长

张　兵　西南交通大学党委常委、总会计师，教授
　　　　中国公私合作（PPP）研究院常务副院长

骆　玲　四川省产业经济发展促进会会长
　　　　西南交通大学经济管理学院教授
　　　　四川省产业经济发展研究院常务副院长
　　　　中国公私合作（PPP）研究院执行院长

曾吉明　四川省经济和信息化委员会政策法规处处长
　　　　四川省工业经济发展研究中心主任

课题研究主要成员

骆　玲　四川省产业经济发展促进会会长
　　　　西南交通大学经济管理学院教授
　　　　四川省产业经济发展研究院常务副院长
　　　　中国公私合作（PPP）研究院执行院长

赵　放　四川省产业经济发展促进会副秘书长
　　　　西南交通大学中国高铁发展战略研究中心博士

曹　洪　四川省产业经济发展促进会副会长
　　　　西南交通大学公共管理学院副教授，博士

童华胜　四川省产业经济发展促进会副会长
　　　　四川一八九六智库文化传播有限公司总经理，博士

曾吉明　四川省经济和信息化委员会政策法规处处长
　　　　四川省工业经济发展研究中心主任

陈伟国　四川省发展和改革委员会国民经济综合处博士

高清明　四川省经济和信息化委员会政策法规处主任科员
　　　　四川大学历史文化学院（旅游学院）博士

目　录

第一章　概　述 ... 1

第一节　研究的背景与意义 ... 1
一、研究背景 ... 1
二、研究意义 ... 7

第二节　相关概念界定 ... 9
一、产业竞争力的不同描述 ... 9
二、产业竞争力的研究范围与层次性 ... 11
三、区域产业竞争力的界定 ... 14

第三节　研究目标与主要内容 ... 17
一、研究目标 ... 17
二、拟解决的关键问题 ... 17
三、主要研究内容 ... 18

第二章　区域产业竞争力评价研究与应用 ... 20

第一节　区域产业竞争力的来源 ... 20
一、优势说：从静态优势到动态优势 ... 20
二、创新说：从创新理论到创新生态体系 ... 24
三、其他相关学说及评述 ... 28

第二节　产业竞争力评价模型与方法 ... 32
一、相关竞争力评价模型 ... 33
二、竞争力的评价指标与方法 ... 41

第三节　中国西部地区产业竞争力评价模型与指标体系 ... 44
一、中国西部地区产业竞争力评价指标的选择依据和原则 ... 44
二、中国西部地区产业竞争力评价体系 ... 47

第三章　中国西部地区产业竞争环境的内部趋同 ... 56

第一节　中国西部产业发展现状与趋势 ... 57
一、西部地区的经济发展阶段 ... 57

二、西部地区产业发展的现状与特征 ································ 60
　第二节　中国西部产业竞争环境的趋同分析 ······························· 69
　　一、产业竞争环境的分类和评价 ·· 69
　　二、产业竞争的硬环境 ·· 71
　　三、产业竞争的软环境 ·· 77

第四章　中国西部地区产业竞争力排名与分析（Ⅰ）：地区内部的比较 ······· 84
　第一节　数据来源与说明 ·· 84
　第二节　西部各省内部产业竞争力排名与分析 ······························· 86
　　一、西部各省内部工业竞争力排名与分析 ································ 86
　　二、西部地区内部服务业竞争力排名与分析 ····························· 120

第五章　中国西部地区产业竞争力排名与分析（Ⅱ）：全国范围的比较 ······· 126
　第一节　数据来源与说明 ··· 126
　第二节　西部地区产业竞争力的全国排名与分析 ··························· 127
　　一、西部地区工业竞争力的全国排名与分析 ····························· 127
　　二、西部地区服务业竞争力的全国排名与分析 ··························· 145

第六章　总结与建议 ··· 150
　第一节　西部地区产业竞争力现状与问题 ································· 150
　　一、以规模竞争力为主要特征，区域产业综合竞争力
　　　　有待提升 ··· 150
　　二、以资源密集型行业为主要依托，区域产业竞争力
　　　　提升压力较大 ··· 152
　　三、生产性服务业竞争力较弱，区域产业竞争力提升的
　　　　关联效应较低 ··· 154
　第二节　提升中国西部产业竞争力的政策建议 ····························· 155
　　一、优化产业发展环境，理顺政府和市场的关系 ························· 156
　　二、加大技术创新投入，增强产业升级的支撑能力 ······················· 157
　　三、全面深化对外开放合作，切实提升产业外向度 ······················· 159
　　四、坚持建设资源环境友好型社会，加速淘汰落后产能 ··················· 159
　　五、完善人才培养机制，全面提高行业企业劳动者素质 ··················· 161

第一章 概 述

健康有序的市场竞争有利于社会效率的提升，培育竞争优势是竞争主体不懈的追求。一个区域如何获取和保持竞争优势，与该区域的产业发展状况密切相关，是竞争力理论在区域层面上的进一步探索和诠释。从改革开放之初为促进制造业发展积极引进外资，到当前为争夺战略性新兴产业纷纷出台扶持和优惠政策等，我国各个地区围绕产业的资源竞争由来已久。随着国内外经济发展环境的变化，我国已经进入必须通过转型升级才能实现经济持续健康发展的关键阶段。未来，经济的发展动力与发展途径将尝试从模仿驱动向创新驱动转变、从要素驱动和投资驱动向生产效率驱动转变，这些转变最终将反映到区域产业竞争力的调整变化上来。因此，评价区域产业竞争力的强弱，分析影响产业竞争力的主要因素，破解阻碍产业竞争力提高的突出矛盾，探索提高我国产业竞争力的有效途径，将成为一个重要的研究课题。

第一节 研究的背景与意义

一、研究背景

1. 国内外产业发展的新趋势

随着经济全球化和现代科学技术的迅猛发展，当今世界产业领域呈现出三种重要的发展态势——产业模块化、产业融合化和产业生态化[①]。在此基础上，产业重组、产业集群化和信息化与工业化、现代产业与传统产业的深度融合以及制造业与生产性服务业的联动发展等新的产业竞争格局和竞争方式层出不穷。近年来，手机行业诺基亚 **Symbian** 体系的衰落和苹果 iOS 体系、三星等 Android 体系的兴起即为经典案例，都深刻地反映了经济全球化趋势下相关行业的垂直解体、水平分工以及开放式创新平台的集成对整体产业竞争力塑造的重要作用和演进趋势。

我国的改革开放遵循资源禀赋的比较优势，优先发展劳动密集型、资源密集型产业，通过引进、模仿、学习和利用先进国家已有的技术，获得了后发优势的红利，形成了 30 多年的快速追赶与高速增长。这些比较优势结合产业的出口导向型发展，逐渐转化为我国位于全球价值链中低端的产业竞争优势，实现了经济起飞，并加快了初级工业化进程。然而，随着向工业化的中高级阶段的迈进，我国今后需要引进的技术不再是发达国家的二三流技术，而是真正的前沿技术和核心技术。但是拥有这些技术的国家和国外企业出于保持自身竞争力的考虑，对知识产权的保护将更加严格，对前沿技术的转移或转让将更加谨慎，借助"引进—消化吸收—再创新"的模式提升产业竞争力、实现产品向价值链高端攀升将面临较大的阻碍并出现被"锁定"或"被俘获"的现象。所以，我国产业结构优化和效率提升将面临巨大挑战。

2008 年全球金融危机后，发达国家开始重新重视实体经济，纷纷出台相应的经济振兴措施。欧美国家陆续由"去工业化"转向"再工业化"，再到第三次工业革命，发达经济体的产业回归实体经济已经成为当前的主流。美国的《国家创新战略》、欧盟的《欧洲 2020：智慧、可持续、包容增长战略》和日本的《2020 迈向光辉日本新增长战

[①] 芮明杰，富立友. 产业国际竞争力评价理论与方法[M]. 上海：复旦大学出版社，2010.

略》等都明确地提出了一系列新兴产业的发展规划，力图以科技创新来抢占全球经济制高点。清洁能源、大数据、3D打印、精密制造等新兴高科技产业领域异军突起，或引领下一波全球科技创新与产业革命的浪潮。这也意味着未来这些国家将在高新技术和先进制造领域争夺资源，全球经济和产业竞争格局将面临着新的调整。

已有研究表明，经过30多年的挤压式增长，中国的数量型"人口红利"正在衰减，第一波"全球化红利"已经透支，增量式改革的"体制转型红利"基本释放完毕，部分产业的成本上升压力持续增大，利润空间进一步被压缩，产业竞争力开始减弱。这一时期，中国以资源消耗为代价，成为污染排放的大国之一。据《世界能源统计（2011）》的统计数据，我国是世界上煤炭、铁矿石、钢铁、氧化铝、铜、水泥消耗量最大的国家，能源消耗量占世界的20.3%。从2000年以来，工业废气排放量年均增长10%，其中SO_2排放量居世界首位。在环境生态保护方面，目前我国的治理和保护程度还远远落后于粗放型增长对其的破坏。在"后《京都议定书》时代"，发展低碳经济已成为世界经济发展的必然趋势。全球减排压力和国内资源环境约束加剧也要求我们必须转变产业的发展方式，重新塑造新的产业竞争力。

国际国内环境的变化，对中国产业发展和竞争力提升既是机遇也是挑战。在此背景下，我国"十二五"期间着重提出"加快转变经济发展方式，开创科学发展新局面"和"发展现代产业体系，提高产业核心竞争力"。前者实际上吹响了建设创新经济的"集结号"，后者则反映了在此战略思想下产业发展领域的动力切换和发展途径，即从模仿驱动向创新驱动转变，从要素驱动、投资驱动向生产效率驱动转变。这一方面要求实现要素的高级化、增长方式的集约化、以自主创新为特征的产业深化与升级；另一方面需要完成产业结构调整和发展方式转变，实现现代农业、先进制造业和现代服务业的协调发展，从而打造中国新的产业核心竞争力。

2. 西部地区产业发展的新阶段

在发展战略方面,我国西部十二个省(自治区、直辖市)根据党中央的决策部署,纷纷将转型升级和提升产业竞争力列入"十二五"规划。通过解读各省(自治区、直辖市)的"十二五"规划纲要和近年来的政府工作报告可以发现,西部大多数省份提升产业竞争力的思路与东部、中部地区基本一致,主要包含以下四个方面内容:

(1) 大力发展现代农业;

(2) 改造提升传统优势产业;

(3) 培育发展战略性新兴产业;

(4) 加快发展现代服务业。

主要路径可以归纳为:提升产业技术水平、优化企业组织结构、促进产业集聚发展、实施品牌战略、推进信息化与工业化和制造业与生产性服务业的深度融合、营造良好的发展环境等。除具体行业有所不同之外,东部地区和西部地区的主要差别在于,前者强调自主创新和创新驱动,如提升产业园区的发展质量、建设创新型城市;后者还同时要求继续大力推动基础设施建设,如建设各类重点工程或生产基地。在经济基础相对薄弱、科技水平滞后、人才和市场环境缺乏优势、生态环境较为脆弱的情况下,多数西部省份今后一段时期内,一方面需要继续做大做强已有产业、推进重工业化进程,另一方面又要大力培育和发展战略性新兴产业,坚持质量增长、创新驱动和环境保护;一方面需要继续巩固和壮大经济基础,另一方面又需要寻找新的增长点,为转型升级和加速增长提供支撑,其任务比东部地区更加艰巨。

长期以来,我国各地区在自然资源、基础设施、经济基础、政策环境、文化习俗等方面存在的巨大差异,社会经济发展一直呈现"东部沿海地区发展较快、西部地区发展滞后"的不均衡特征[1]。1999年提出并实施的"西部大开发"战略,旨在通过国家对西部地区基础设施建设、生态环境保护和其他各项社会事业发展等给予财政倾斜,以推进西部地区快速发展,实现地区间经济发展格局的战略性调整。

经过十多年的发展,一些学者认为在此背景下,西部地区的生产率增长远高于全国平均水平和经济发展较好的东部地区[2],从经济增长数量和经济发展质量上看,地区差距有一定缩小[3]。但是,更多的学者认为东西部差距非但没有从根本上得到解决,反而继续扩大[4-5],甚至出现了几个逻辑上相矛盾的现象,包括自然资源丰富与"资源诅咒"并存、资本支持增加与资本流失共生、产业规模扩张与产业质量下降同在、增长极和弱极或无极增长的背反、政策供给增加与政策效用降低并行等[6]。在对外开放方面,20世纪90年代以来,我国东部地区通过积极参与和融入全球化,获得了迅速成长和产业转型升级的机会;广大西部地区却没有很好地融入全球价值网络,逐渐被边缘化。不少观点认为西部地区虽拥有资源比较优势,但竞争优势方面的不利因素也较为突出,从而阻碍了西部地区产业核心竞争力的形成和发展。

当下时逢国家进入产业转型升级攻坚阶段,中央政府提出立足于亚欧大陆,主要面向中亚,并向西亚和欧洲拓展,西南地区面向南亚、

---

[1] 陆大道. 东西部差距扩大的原因及西部地区发展之路[J]. 中国软科学, 1996(7): 38-40.

[2] 朱承亮, 岳宏志, 李婷. 基于TFP视角的西部大开发战略实施绩效评价[J]. 科学学研究, 2009(11): 1662-1667.

[3] 曹桂全. 中国地区差距变动的系统分析与地区政策选择[J]. 中国软科学, 2001(12): 87-91.

[4] 靳春平, 廖涛. 西部大开发对地区经济发展的影响[J]. 财经科学, 2006(6): 102-110.

[5] 岳利萍, 白永秀. 从东西不同地区差距评价西部大开发战略实施绩效——基于主成分分析法的视角[J]. 科研管理, 2008(5): 84-92.

[6] 程瑜, 李瑞娥. 西部大开发: 制度背反与哲思[J]. 财贸研究, 2013(3): 28-37.

东南亚,并向非洲拓展的"向西开放"发展思路[①]和"向南开放"发展思路,如中国—东盟自由贸易区建设、大湄公河次区域合作、孟中印缅经济走廊建设和丝绸之路经济带等。未来,我国将形成"陆上开放"与"海上开放"并重的对外开放格局。

如果前十年西部大开发是立足于国家从非均衡发展战略转向非均衡协调发展战略、缩小区域差距,那么2012年后新一轮西部大开发则必须寻求具有战略意义的开发模式。因此,《西部大开发"十二五"规划》更加注重结构调整和西部自我发展能力的培育,积极引导东西部地区之间产业转移与合作互动,为西部大开发提供强有力的产业支撑。如果30年前西部地区因区位、观念、政策等因素没能及时地融入全球价值网络,如今全球价值网络正在进行的调整和新布局,对西部地区提升产业竞争力来说将是一个很好的机会。

如何在新一轮经济发展进程中同时兼顾投资驱动与创新驱动、规模增长和质量增长,处理好经济发展与环境保护之间的矛盾,需要西部各省(自治区、直辖市)立足于宏观经济发展的态势,对西部的产业发展基础、影响产业竞争力的主要因素、当前和未来的产业竞争态势等进行理性的评估和判断;对转型升级和提升产业竞争力之间的关系进行深入的理解,从而破除制约竞争力提高的障碍,探索提升西部产业竞争力的有效途径。否则,西部地区将在第二波全球化浪潮中,继续成为发达国家或东部地区污染较大、附加值较低的产业的转嫁地,追随和提倡"大力发展现代农业、改造提升传统优势产业、培育发展战略性新兴产业、加快发展现代服务业"等战略将沦为一种表面化和政治化的"口号"。

[①] 刘世庆,许英明. 向西开放:中国新一轮西部大开发的重点与突破[J]. 经济与管理评论, 2013 (3): 129-134.

二、研究意义

1. 构建区域产业竞争力评价模型以补充和丰富产业竞争力的理论研究

瑞士洛桑管理研究院（IMD）和世界经济论坛（WEF）的国家竞争力分析模型、波特的钻石模型等竞争力分析模型，都是关于发达国家或地区的竞争力分析模型，不太适用于欠发达或后发地区，更不适用于像西部地区这样处于发展中的大国内陆地区。两类地区的竞争力来源、影响因素的表现形式都有所不同。加拿大学者 Tim Padmore 和 Hervey Gibson 提出的 GEM 竞争力分析模型在一定程度上考虑了后发地区的特征，突出了政府在这类地区实行经济追赶过程中给予的"硬件设施"和"制度安排"方面的支持和杠杆作用。但该模型的构建和实践多以行政独立的后发国家和地区为研究对象，如韩国、新加坡，没有考虑地域内部之间的关系和联动作用。我国的西部地区在实施追赶和赶超战略的同时，还必须考虑承接东部产业转移，并以此为基础寻找和培育新兴产业、发展和壮大优势产业，从而综合地构建并提高其产业竞争力。

为此，本研究参考相关分析，结合西部地区的实际情况，构建了比较适用于西部地区产业竞争力的分析模型。同时，针对目前国内外学者和科研机构在研究上侧重于地域层面，或者侧重于产业和企业层面，缺乏对两者的结合，本项研究尝试将区域竞争力和产业竞争力融为一体，在区域竞争力研究中突出产业特征，在产业竞争力中体现出空间比较，试图扩大区域经济学和产业经济学的研究视野，并丰富区域竞争力和产业竞争力的交叉研究。

2. 以西部产业竞争力分析丰富区域产业竞争力评价的细分研究

目前对西部产业竞争力的研究主要是学者们的相关研究，评价指标和方法差异较大，正式的政府和机构研究报告则相对较少。从中国国家图书馆网站（http：//www.nlc.gov.cn）上搜索到的相关研究报告来看，以区域竞争力、城市竞争力或国际产业竞争力的研究居多，例如《中国城市竞争力报告》（社会科学文献出版社，2003—2014年）、《中国产业竞争力报告》（社会科学文献出版社，2010—2014年）、《中国中部地区社会竞争力报告》（社会科学文献出版社，2011—2014年）、《四川区域综合竞争力报告》（社会科学文献出版社，2006—2009年）等，多数已有报告和研究停留在对某一地区或城市的整体经济与社会的竞争力评价上，而产业划分则主要按照三次产业的大类进行分析，过于笼统。目前，研究西部产业的相关研究报告有姚慧琴和许璋勇等编著并连续多年发布的《中国西部经济发展报告》（社会科学文献出版社，2006—2014年），该报告以专题的形式讨论当年西部经济发展的重点和热点问题，未涉及系统性和连续性的产业竞争力分析与评价。

因此，本研究拟以西部地区各个省级行政区的工业和服务业为主要研究对象，按国民经济行业分类（GB/T 4754-2011）的行业分类统计口径，对其产业竞争力进行评价和分析，能够丰富后发地区在承接产业转移背景下以追赶和赶超战略为目标的产业竞争力相关研究。

3. 通过产业竞争力的分析与评价为西部地区产业竞争力提升提供抓手

本研究在对产业竞争力在地区整体竞争力体系中所处的层次、现在和未来发展趋势进行系统分析的基础上，厘清影响产业竞争力的关键因素，构建了一个具有实用性和针对性的区域产业竞争力评价体系；并在外部条件因素和内部关键因素的分析框架下，将区域产业竞争力分解为规模竞争力、资本竞争力、效率竞争力、市场竞争力和可持续性竞争力五个部分，测算和评价各类细分竞争力在一个区域某一产业综合竞争力形成中所起的作用。该研究有利于政府对本地的产业发展优势和薄弱方面进行把握，对当前各类型产业发展存在的问题进行诊断，对相关产业政策的制定具有一定的启发和借鉴作用。

第二节 相关概念界定

竞争力的概念源于竞争，竞争反映了两个或两个以上主体在市场上为实现自身经济利益和既定目标而不断角逐的过程。在经济领域，竞争力与竞争优势的研究密切相关，但相对于竞争优势，竞争力的研究范围更为广泛，目前还没有统一的界定，涉及国家竞争力、区域竞争力、产业竞争力、企业竞争力、产品竞争力等不同范畴。不同范畴之间既有区别又有联系，不同机构、组织和学者出于自身研究目的和角度对其的理解存在一些差异。本报告将从产业竞争力、区域竞争力的内涵和外延出发，梳理并总结出两者的交叉领域"区域产业竞争力"的有关研究内容。

一、产业竞争力的不同描述

产业竞争力属于中观层次的竞争力研究。相对于国家竞争力和区域竞争力，产业竞争力的研究起步较晚，无论是实践应用还是理论研究，都需要大量的补充和完善，学术界关于产业竞争力比较有代表性的定义，主要有以下几个：

（1）波特（2002）提出的产业竞争力的定义在国际上影响最大。

他指出，产业竞争力是在国际贸易条件下（排除了贸易壁垒条件），一国特定产业以其相对于其他国更高的生产力向国际市场提供符合消费者（包括生产性消费）或购买者需要的更多产品，并持续获得盈利的能力。根据这一定义，我们可以把产业竞争力理解为排除了贸易壁垒障碍的条件下产业持续获利的能力。

（2）中国社科院研究员金碚（2003）提出的产业竞争力概念在国内很受欢迎。他认为，产业竞争力是一国特定产业通过在国际市场上销售其产品而反映出来的生产力。产业竞争力的实质就是一国特定产业相对于国外竞争对手的比较生产力，它反映了该产业产品的国际市场占有率和盈利率的大小[①]。

（3）四川师范学院（现西华师范大学）张超（2002）认为，产业竞争力是指属于国家的同类产业之间效率、生产能力和创新能力的比较以及在国际间自由贸易条件下各国同类产业最终在产品市场上的竞争能力[②]。

（4）中国社科院裴长洪博士（1998）指出，产业竞争力是区域产业的比较优势和它在一般市场绝对竞争优势的总和[③]。

（5）浙江师范大学商学院陈红儿、陈刚（2002）认为，产业竞争力是指在一国内部各区域之间的竞争中，特定区域的特定产业在国内市场上的表现或地位。这种表现或地位，通常是由该区域产业所具有的提供有效产品或服务的能力具体显示出来的[④]。

（6）中国科学院地理科学与资源研究所贾若祥、刘毅（2003）认为，产业竞争力是在一定贸易条件下，产业所具有的开拓市场、占据

[①] 金碚. 竞争力经济学[M]. 广州：广东经济出版社，2003.
[②] 张超. 提升产业竞争力的理论与对策探微[J]. 宏观经济研究，2002（5）：49-52.
[③] 裴长洪. 利用外资与产业竞争力[M]. 北京：社会科学文献出版社，1998.
[④] 陈红儿，陈刚. 区域产业竞争力评价模型与案例分析[J]. 中国软科学，2002（1）：99-104.

市场并以此获得比竞争对手更多利润的能力，产业竞争力是衔接国家竞争力和企业竞争力的纽带[①]。

（7）大连民族学院郭京福教授（2004）认为，产业竞争力是指某一产业或整体产业通过对生产要素或资源的高效配置及转换，持续稳定地创造出比竞争对手更多财富的能力，体现的是市场竞争中的比较关系，表现为市场上如产品价格、成本、服务、品牌和差异化等方面比竞争对手所具有的差异化能力[②]。

此外，还有很多学者对产业竞争力下了定义，多数只是由于研究视角不同造成的对产业竞争力的不同理解和表述差异而已。金碚与波特的定义虽然表达不一，但有异曲同工之处，都强调产业生产力高低对产业竞争力的影响，并站在国际层面上，比较的对象范围是国家之间，即"国家产业竞争力"；张超则在生产力基础上引入了效率、产业竞争在市场上的表现，这类产业竞争力的描述应被更确切地称为"产业国际竞争力"，并有大量的后续相关研究；裴长洪、陈红儿、贾若祥和刘毅、郭京福等学者则将产业竞争力的定义描述从国家间层面转向一个国家内部的区域层面，或者弱化国际和国内的范围的划分，并加入了比较优势和竞争优势、区域环境、要素资源配置等产业竞争力的表现形式。目前，这一类产业竞争力的系统性研究相对较少。

二、产业竞争力的研究范围与层次性

从上述概念的描述来看，产业竞争力实质上是一个比较的概念，是两个或者两个以上竞争主体在对某一目标或者利益进行争夺和较量的过程中表现出来的一种综合能力。因此，产业竞争力的内涵涉及

[①] 贾若祥，刘毅．产业竞争力比较研究——以我国东部沿海省市制造业为例[J]．地理科学进展，2003，22（2）：195-202．
[②] 郭京福．产业竞争力研究[J]．经济论坛，2004（14）：32-33．

两个层面的问题：一是比较的内容，二是比较的范围；产业竞争力的内涵涉及四个要素：竞争主体、竞争对象、竞争过程和竞争结果。产业竞争的主体是一定地理范围内的不同产业或者不同地理范围的某一产业，即"比较的范围"。从整个竞争力范围的研究来看，竞争的对象涉及财富创造能力（以 IMD 为代表）、生产力（以马克思为代表）、生产率（以波特、克鲁格曼为代表）、盈利能力和市场占有率（以 WEF、金碚为代表）、要素占有情况（以 Mintz 为代表）、将潜在竞争优势转化为竞争结果的能力（以 Peter J. Buckley 为代表）；产业竞争力与此相似，涉及产业的生产力、生产率、盈利能力、生产要素或资源的高效配置和转化、市场占有率等。竞争过程对应着影响竞争力大小的因素、竞争结果对应着竞争力的表现形式。竞争对象、竞争过程和结果反映的往往就是"比较的内容"。

产业竞争力中竞争主体的"产业"不能定义得过于宽泛，必须是易于进行同类比较的对象。一般来说，从产出的角度，可将其定义为同类产品及其可替代产品的集合；从生产的经济实体的角度，可将其定义为生产经营同类产品及其可替代产品的企业集合。

常见的竞争力分析包括国家竞争力、区域竞争力、产业竞争力和企业竞争力。国家竞争力属于宏观领域，企业竞争力属于微观领域，区域竞争力和产业竞争力属于中观领域。国家竞争力的竞争主体是国家，总体来说，它是该国在国际上的综合实力，不仅仅局限在经济方面，还包括军事、教育、科技等方面。区域竞争力的竞争主体是国内某区域，如省域、城市、县域等，多数情况下其研究者试图将国家竞争力的研究范式应用于区域层面。企业竞争力则是竞争性市场中，一个企业比其竞争对手能够长期有效地向市场提供更好的产品或服务，并获得盈利和自身发展的综合能力。

多数研究认为，国家竞争力、区域竞争力、产业竞争力、企业竞争力这四个概念是相互补充的，产业竞争力和企业竞争力是构成国家竞争力或区域竞争力的基础。就竞争主体来说，同类型企业构成产业、区域包含不同产业、国家包含不同区域。因此，国家竞争力、区域竞争力、产业竞争力和企业竞争力之间是一种递阶的"线性"层次关系，如陈柳钦（2005）提出的竞争力"金字塔"层次关系[①]、王燕和谢蕊蕊（2013）提出的竞争力层次关系[②]。

然而，如果考虑产业竞争力比较范围中的另一重要因素——地理空间范围，则可以发现产业竞争力是超越一国内部的区域边界，乃至超越国家边界的创新系统（如图1.1所示）。

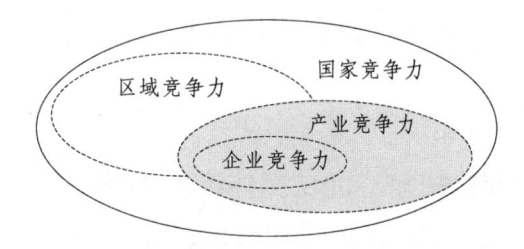

图1.1 企业竞争力、产业竞争力、区域竞争力与国家竞争力的关系

在生产的网络和价值链扩张趋势日益明显的今天，在垂直解体普遍发生的背景下，一个完整产业的组织往往已经跳出了一个国家内部单一区域的范畴，而向多区域或多国家延伸，如全球产业链、全球生产网络的形成。因此，在一个区域中讨论产业竞争力，往往评价的是某一产业的一部分或某些生产环节，如装配等。这一现象源于国家竞争力、区域竞争力、产业竞争力和企业竞争力的竞争主体属性的差异，国家竞争力和区域竞争力的主体是按地理范围来划分的，而产业竞争力和企业竞争力的竞争主体是按活动实体来划分的。这一属性的差异使国家竞争力、区域竞争力、产业竞争力和企业竞争力之间呈现一种

---

① 陈柳钦. 产业集群与产业竞争力[J]. 南京社会科学, 2005（5）: 15-23.
② 王燕, 谢蕊蕊. 区域产业竞争力比较研究[M]. 北京: 经济科学出版社, 2013.

"嵌套型"的层次关系，并非简单的线性加总。两大类竞争主体有各自的研究范围，但也存在交叉重叠的部分以及宏观、微观上下传递的途径，即从企业到产业、从区域到国家的由下至上的过程，同类竞争主体的不同层次竞争力存在聚合和乘数效应；不同类竞争主体间则存在渗透和交叉效应。

三、区域产业竞争力的界定

根据图1.1所示，产业竞争力和区域竞争力交叉部分，可以直观理解为区域产业竞争力。对区域产业竞争力特别关注的我国学者目前尚未形成统一的概念界定、理论范式和分析框架。在国内，有两类研究视角值得注意。

1. 区域某一产业视角—区域整体产业视角

以区域某一产业视角进行分析的：谢蕊蕊、王燕（2012）认为，区域产业竞争力即一个区域的某一产业在与其他区域的竞争和合作中表现出的综合实力，包括在竞争过程中形成的有效提供产品和服务的能力以及未来进一步发展的潜力等[①]。

以区域整体产业视角进行分析的：王浩（2008）认为，区域产业竞争力指不同区域的整个产业系统在相互比较的过程中所体现出来的优于其他区域产业系统的素质和能力[②]；张继良、胡荣华（2010）认为，区域产业竞争力是区域产业所具有的综合运用当地生产要素获得最大收益的能力，强调该区域产业在国内经济、科技、投资中的地

---

① 谢蕊蕊，王燕. 基于仿生学的区域产业竞争力形成机理[J]. 现代管理科学，2012（3）：35-37.
② 王浩. 区域产业竞争力的理论和实证研究[D]. 长春：吉林大学，2008.

位，所达到的科技水平和经济发展状况等[①]。

2. 区域的不同产业视角—不同区域的同一类产业视角

陈柳钦（2005）认为，"产业"与"区域"的交叉也存在组合形式，即分为区域与产业之间交叉、产业与产业之间交叉两个层次；图1.2 提供的是全景式的产业竞争力分析矩阵，使产业竞争力状况得到完整体现。任何一个分析对象都能够根据所处的区域和行业在竞争力分析矩阵中找到对应坐标。

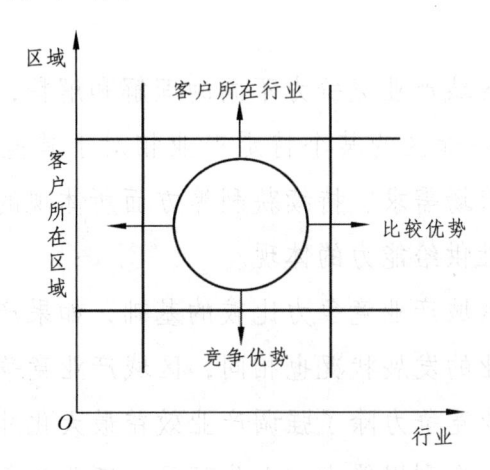

图 1.2 产业竞争力分析矩阵图

资料来源：陈柳钦. 产业集群与产业竞争力[J]. 南京社会科学，2005（5）：15-23.

由于产业定义最基本的内涵是"同类商品及其可替代产品"，通常表现为"生产经营同类产品及其可替代产品的企业集合"，因此竞争关系既存在于相互具有替代性的主体或产品之间，也存在于不同产业之间。"相互具有替代性的主体或产品之间"意味着产业竞争力可以考虑一国的某一产业同其他国家的同一产业之间更有效地向市场

[①] 张继良，胡荣华. 区域产业竞争力评级体系研究[J]. 产业经济研究，2010（6）：72-80.

提供产品或服务的综合能力;"不同产业之间"意味着产业竞争可以考虑一国的某一产业比其他产业更有效地向市场提供产品或服务的综合能力。

在此基础上,顾海兵、余翔(2007)将区域工业竞争力界定为一种立足于本区域的比较优势并能够进行财富创造的能力,包括产品的市场占有率、资金和人才技术的吸引力、产出的效率等[①];冯浩(2007)认为,区域工业竞争力指在区域自身资源和区位特点的基础上,通过资源优化配置和不断进步创新而具有的在竞争中获取利益并可持续发展的能力[②]。

综合上述对区域产业竞争力不同的理解和解释,我们认为区域产业竞争力是指某一地区的某个特定产业相对于其他地区同一产业在生产效率、满足市场需求、持续获利等方面所体现的竞争能力。它是一种产业的综合性供给能力的体现。

空间差异是区域产业竞争力比较的基础,如果产业的发展都是在同质区域,且产业的发展状况也相同,区域产业竞争力就没有了比较的基础。区域产业竞争力除了强调产业效益最大化外,还强调产业对地区生产要素的综合利用能力。由此可见,产业竞争力和区域产业竞争力的基本内涵是一致的。很多产业层面的研究也包含了区域的视角,尤其在多数产业竞争力的实证研究中,相关分析都明确界定或暗含了比较的空间范围,如《中国产业国际竞争力报告》、《中国产业竞争力报告》等。因此,一般的产业竞争力侧重于理论研究,而区域产业竞争力则侧重于实证分析。

---

① 顾海兵,余翔. 我国区域工业竞争力测度和评价[J]. 学术研究,2007(3):49-56.
② 冯浩. 中国区域工业竞争力研究:理论探索与实证分析[D]. 长春:吉林大学,2008.

第三节　研究目标与主要内容

一、研究目标

本项研究目的在于：探讨区域产业竞争力的形成机理；总结影响区域产业竞争力强弱的因素；构建适合于我国西部地区产业竞争力评价的理论框架和指标体系；分析西部地区及各省（直辖市、自治区）产业（包括工业和部分服务业）的竞争力现状以及各省（直辖市、自治区）产业竞争力差异。

针对上述问题，本研究将围绕区域产业转型升级和竞争力提高这一当前亟待破解的重大命题，将区域产业竞争力的理论研究和实证分析作为主要研究内容，希望对区域产业竞争力的来源、形成和提升机理、综合评价、比较分析进行重新梳理和再认识。

二、拟解决的关键问题

针对区域产业这一较为复杂的研究对象，构建适当的评价指标体系是本项研究的关键问题，具体包括：

1. 理清区域产业竞争力与企业竞争力、国家竞争力之间的关系，构建逻辑统一的指标分析框架

区域产业竞争力位于企业（微观）和国家（宏观）之间的中间层次，它是联系企业竞争力和国家竞争力的纽带；同时，同属中观层次的区域竞争力和产业竞争力又有相互交叉和重叠的部分。不同层次的竞争力之间具有上下传导的特征。目前，有关企业、产业、区域和国家竞争力的研究都从不同视角和范围提出了相应的较为丰富的评价指标，而区域产业竞争力研究需要通过区域产业竞争力的来源和特点，选择能够与已有的部分微观和宏观竞争力评价指标逻辑一致的相应评价指标。

2. 提炼西部地区产业竞争力的评价指标体系，针对不同"产业"特征灵活处理

目前，部分公开发布的统计数据只针对一个地区的总体情况，没有反映出具体产业的相关情况，如采用地区 R&D 投入强度、研发人员数量、专利情况来表示一个地区的科技发展水平，却很少有年鉴、统计公报和相关数据库提供各个具体细分行业的 R&D 投入强度、研发人员数量和研发经费等；上述针对区域整体的评价指标很难直接在区域各类细分行业的分析[尤其是国民经济行业分类（GB/T 4754-2011）的2位码的细分行业]中找到相应的统计数据支撑。同时，一些统计数据提供了工业两位数代码的细分行业数据，却没有提供服务业细分行业的相应数据，例如各地区的统计年鉴提供了"工业"各细分行业的各类能源消耗（煤、石油和电力等）情况，却没有提供"服务业"各细分行业的相关能源消耗信息。因此，本项研究在分析区域具体产业竞争力时，不同产业的统计指标可能略有调整，例如区域服务业竞争力评价中没有考虑工业竞争力评价中可持续性竞争力指标，并对部分服务业竞争力指标进行了简化。

三、主要研究内容

结合前述初步认识和前期研究，本研究设计了如下研究内容。

（1）介绍研究的背景和意义，分析产业竞争力研究面临的产业发展趋势：趋势一，产业模块化；趋势二，产业融合化；趋势三，产业生态化，提出本研究的主要内容和研究思路。

（2）结合对区域产业竞争力的理解，厘清产业竞争力的理论基础、

评价指标体系、评价方法的缘起和发展演变,并将三者对应起来,确定区域产业竞争力的来源和影响因素。在评价指标体系建构方面,主要考察目前较为公认的 IMD《世界竞争力年鉴》、WEF《全球竞争力报告》、波特的产业"钻石模型"、GEM 模型以及其他成熟的产业竞争力评价指标体系等,并结合学术界相关研究的最新进展,构建西部产业竞争力评价模型和指标体系。

(3)针对西部产业竞争力评价的模型,探讨外部条件因素在西部内部的趋同性,如交通基础设施、创新环境等,从而在一定程度上验证本研究理论模型的适用性。

(4)根据构建的指标体系和评价方法,对西部各省(自治区、直辖市)内部之间、西部各省(自治区、直辖市)在全国范围内的产业竞争力进行评级和分析。

(5)通过评价与比较,分析西部产业竞争力的现状特征和存在的问题,为提升西部产业竞争力提供相关对策建议。

第二章 区域产业竞争力评价研究与应用

第一节 区域产业竞争力的来源

虽然对竞争力的实证研究只有 30 多年的历史,对竞争来源的理论探讨却已有 200 余年,涉及国际贸易、区域经济学、计量经济学、经济地理学、管理学等多学科多领域,其理论观点异彩纷呈,从不同角度、不同侧面解释了竞争力的来源,具有明显的社会经济发展演变的印记,反映了对竞争力理论探索不断深化的过程,同时也为开展竞争力的实证分析提供了丰富的理论基础。

一、优势说:从静态优势到动态优势

1. 理论的发展与演化

优势理论是竞争力来源的最核心理论,是竞争力研究的理论基础。亚当·斯密于 1776 年在《国民财富的性质和原因的研究》(简称《国富论》)中提出了经典的绝对优势理论。他认为,不同国家根据其拥有的绝对生产成本差异进行国际分工和贸易,双方都能受益,这种优势可能来自先天的自然优势,如气候、地理和土壤条件,也可能来自资本积累和技术进步。

然而,绝对优势理论无法解释"一国在所有产品上都有较高的生产率,而另一国在所有的产品上生产成本都高于其他国家"的竞争情况。为此,1871 年大卫·李嘉图将其进行了完善并演化发展为比较优

势理论,他认为,商品的相对价格差异(即比较优势)是国家之间进行贸易的基础,市场机制会把一个国家的资源配置到那些具有相对较高生产率的产业中去,去交换那些自己具有较低生产率的商品。

20世纪初,赫克歇尔和俄林将单纯的劳动要素扩展到两种或两种以上的生产要素,从生产要素比例的差别来解释生产成本和商品价格的不同,认为各国生产那些较密集地利用其充裕生产要素的商品,以换取那些需要较密集使用但生产要素稀缺的产业,必然会有比较利益的产生。至此,对竞争力的研究开始重视生产投入的资源禀赋。

由于历史的局限,上述古典比较优势理论描述的只是"静态"比较,当加入规模经济、技术进步、国际资本流动等因素后,该理论就明显过时。因此从20世纪50年代开始,一些经济学家提出了"动态"比较优势理论,如弗农于1996年提出的产业周期理论、克鲁格曼于1983年将规模经济引入贸易理论。他们认为,与其说是要素优势本身决定国际竞争力,还不如说是要素的部署决定国际竞争力。

20世纪80年代,哈佛大学商学院迈克尔·波特提出了竞争优势的概念,认为产业周期理论是一个动态理论,国内市场会影响产品的创新,但是这个说法仍然有很多不足之处;规模经济理论对一些强调比较优势的产业很重要,但没有回答"哪些国家的企业能发展规模经济?规模经济可以应用到什么样的产业上";波特认为,产业竞争往往体现在其开拓市场的能力上,后者能为产业带来丰厚的利润。因此,产业总产值、增加值等相关指标被认为是评价产业竞争力的重要指标。

国内学者金碚(2003)认为,从国际分工的角度看,比较优势具有决定性作用;从产业竞争的角度看,竞争优势又起决定性作用;在现实中,比较优势和竞争优势实际上共同决定着各国各产业的国际地位及其变化趋势。实际上,比较优势与竞争优势相互联系、相互影响。前者是形成后者的基础,后者又会强化前者,两者在一定条件下可以相互转化；其本质都是生产力的比较，不同之处在于前者强调各国不同产业间的生产率比较，而后者强调各国相同产业间的生产率比较[①]。

已有的竞争理论受到的最大批评是假设企业、行业发展所处的外部环境和内部环境为"相对静态"的；行业或企业一旦培育或建立起其竞争优势就可以持续保有该优势。但是，这在动态的环境中是很难实现的。与比较优势的发展演变相类似，近年来，一些学者也开始对竞争优势理论进行"动态化"的处理。目前，这类研究主要集中在企业战略学领域上。国内学者霍春辉（2006）[②]、徐彪和温晓俊（2009）[③]认为，根据外部环境的变化，对产业、企业的战略性资源不断地进行动态整合，保证其竞争优势随着外部环境的变化而不断呈现出动态发展态势，从而实现从传统的维持静态竞争优势转变为创建动态竞争优势的过程。

2. 对后发地区的启示

多数实践表明，不管是静态比较优势还是静态竞争优势，在应用于后发国家或地区都存在一系列缺陷，无法为后发国家或地区跳出低产业竞争力陷阱提供坚实的支撑。

第一，这种理论的假设和前提是各种生产要素和资源不能在国际间流动和转移。随着经济全球化的迅速发展，这一假设和前提已经发生变化。

第二，这种理论的建立和出发点是为倡导自由贸易，以维护发达国家的利益。传统的静态产业竞争力理论要求发展中国家或地区严格

---

① 金碚. 竞争力经济学[M]. 广州：广东经济出版社，2003.
② 霍春辉. 动态竞争优势[M]. 北京：经济管理出版社，2006.
③ 徐彪，温晓俊. 开放环境下企业动态竞争优势研究[J]. 科技进步与对策，2009（6）：81-84.

遵守其比较优势和资源禀赋，生产具有相对生产率优势的产品。在实践中，全球化、贸易自由和全球价值链（GVC）的构建使这种分工格局得到了进一步强化。

例如，与发达国家相比，目前中国在各产业的加工制造环节确实具有相当的竞争优势，但技术含量和附加值较低、资源消耗和环境污染较大，面临转型升级的压力；然而，在当前以发达国家为主导的GVC体系中，发达国家出于保护自身优势的考虑，通过全球贸易体系对后发国家的技术转移或技术溢出实行阻断或结构性封锁，使其工艺升级和产品升级无法很好衔接，进而陷入"代工——微利化——品牌、销售渠道与自主创新能力低——向GVC高端攀升能力弱"的恶性因果循环，始终不能摆脱贫穷和落后的命运，从而陷入静态比较优势的陷阱。

埃里克·S.赖纳特在《富国为什么富，穷国为什么穷》一书中指出，成功发展的关键是启蒙经济学家所说的"竞赛"（emulation），而不是比较优势和自由贸易。而"竞赛"一词是从"模仿、效仿"这一语义中派生的，是向着被给与的同一个目标和模式"追赶"的顽强竞争，它与我们通常意义上比赛意义的竞争（competition）是有区别的①。

从美国、德国到日本、韩国，很多后发国家成长的经历无可辩驳地证明了一些经济相对落后的国家，在政府强有力的经济政策的推动下，改变了资源的比较优势，模仿了当时最繁荣的国家，将自己的生产结构带入了一种集中于技术变迁的领域，从而赶上并超过先进国家，步入经济发达国家的行列。

因此，在后发地区竞争力研究中，根据产业结构和比较优势变化的一般规律，谋求禀赋结构的升级、比较优势的动态转换、相对竞争地位的提高是一项重要工作，应考虑以创新、"干中学"效应和适应

---

① 埃里克·S. 赖纳特. 富国为什么富，穷国为什么穷[M]. 北京：中国人民大学出版社，2010.

环境变化的动态竞争力理论。当然，同时我们也意识到多数后发国家或地区以加工贸易、FDI 等形式发展起来的外向型经济使我国传统制造业的"存量"巨大，如何促进并衔接静态优势向动态优势的转化也尤为重要。

二、创新说：从创新理论到创新生态体系

1. 理论与应用的发展

学界公认，熊彼特（J. A. Schumpeter）是创新理论的创始人，其创新理论提炼为以下几个要点：

第一，创新的定义和类型。创新是生产要素的重新组合，形式包括：引入新产品；采用新技术；开辟新市场；控制原材料新的供应来源；实现工业的新组织。

第二，企业家是从事创新的人，执行生产要素的重新组合。

第三，创新是经济发展的不竭动力。

第四，创新是经济长波现象的主要原因。

第五，创新具有集群效应。

第六，两种创新机制模型：在第一种创新机制模型中，企业家和创新企业把企业和市场结构之外的重大新发明付诸应用，导致"创造性毁灭"现象发生；在第二种创新机制模型中，大企业内部的科技研发活动经过"创造性积累"而导致创新。

（1）创新理论。

20 世纪五六十年代，以索罗、卢卡斯为代表的学者将技术创新引入新古典生产函数中，认为技术进步是影响经济增长的重要因素，是经济增长的内生变量，从而构建起新古典学派的创新理论。索罗指出，创新成立有两个条件，新思想的来源，以后阶段的实现和发展。该"两

步走"被认为是技术创新概念界定研究上的一个里程碑。

除了技术创新,创新理论还包括制度方面的创新。道格拉斯·诺斯在 1970 年的《西方世界成长的经济理论》中指出,竞争力主要来自制度创新,从而营造出促进技术进步和经济潜能发挥的环境。道格拉斯·诺斯和兰斯·戴维斯在 1971 年出版的《制度变革与美国经济增长》中指出,"制度创新"是经济的组织形式或经营管理方式的革新,认为有效刺激制度是经济增长的关键。这一理念将制度创新研究引入产权的界定和变化,或者一个系统的产权制度建立的问题。

技术创新和制度创新是创新理论的重要内容。之后,研究者逐渐在此基础上改进和补充相关的理论。但事实上,如何应用创新理论促进一个国家、地区和产业知识与技术的产生、引进、扩散和应用,使其技术创新取得更好的绩效并促进和发挥制度创新的作用,在实践中更为重要。

(2)应用研究。

20 世纪 80 年代后期以来,创新研究出现了"系统范式"。弗里曼(C. Freeman)在 1987 年发表《技术政策与经济绩效:日本国家创新系统的经验》[①],首次使用"国家创新系统"(National Innovation System)的概念来分析日本的成功追赶和 20 世纪 60 年代至 80 年代日本经济的高速增长。他认为,"国家创新系统就可以被描述为这样一种由公共部门和私营部门共同建构的网络,一切新技术的发起、引进、改良和传播都通过这个网络中各个组成部分的活动和互动得到实现。"

1994 年,经济合作与发展组织(OECD)启动了"国家创新体系研究项目"(NIS project),两年后相继发表《以知识为基础的经济》和《国家创新体系》两个报告,标志着对知识经济时代和国家创新系

---

① 克里斯多夫·弗里曼. 技术政策与经济绩效:日本国家创新系统的经验[M]. 张宇轩,译. 南京:东南大学出版社,2008.

统概念达成共识，关于国家创新系统的研究从理论研究进入到各国决策层面。

在创新系统的研究中，库克（1992）率先强调"区域创新系统"的重要性①。随着经济全球化的深化，创新活动的跨国家、跨区域合作日趋凸显，一些学者提出创新活动不应受空间因素的限制，并提出"产业创新系统"和"集群创新系统"②等。

路甬祥主编的《创新与未来：面向知识经济的国家创新体系》（1998）③，标志着我国国家创新系统研究进入到一个新阶段。1999年，《国家创新系统：现状与未来》《国家创新系统的理论与政策》《中国创新系统研究——技术、制度与知识》《世界各国创新系统——知识的生产、扩散和利用》《国家创新系统的理论与政策文献汇编》等文献相继出版；2000年还出现了《国家创新系统研究纲要》《国家创新系统——理论分析与国际比较》等文献④。

随着创新体系研究的深化和拓展，一些问题也被提出来了。例如，埃德奎斯特（C. Edquist）指出："首先，创新系统方法强调了制度的作用。然而，对于'制度'一词的含义，没有一致的观点。"⑤Mercan和Göktas认为"创新体系的方法没有区分创新事件和创新结构，且没有提出各组成元素之间的因果关系"⑥，因此不能算是一种正式的理

---

① PHILIP COOKE. Regional innovation systems: competitive regulation in the new Europe[J]. Geoforum, 1992, 23（3）: 365-382.
② MALERBA F. Sectoral systems of innovation and production[J]. Research Policy, 2002（31）: 247-264.
③ 路甬祥. 创新与未来：面向知识经济时代的国家创新体系[M]. 北京：科学出版社，1998.
④ 曾国屏，苟尤钊，刘磊. 从"创新系统"到"创新生态系统"[J]. 科学学研究，2013（1）: 4-12.
⑤ 詹法格·博格，戴维·莫利，理查德·纳尔逊. 牛津创新手册[M]. 柳卸林，等，译. 北京：知识产权出版社，2009: 186-187.
⑥ MERCAN B, GÖKTAS D. Components of innovation ecosystems: a cross-country study[J]. International Research Journal of Finance and Economics, 2011（76）: 103-112.

论,只是一种分析问题的框架。

由于创新体系的最大研究局限是无法区分创新事件和创新结构,近年来相关分析开始转入"创新生态体系"的研究。创新生态体系研究有选择性地融入了生态学的思想,将研究范围从"主体之间相互依赖"拓展到"主体与环境的相互作用",以便解释创新过程和创新系统的发展规律。因此,创新生态体系的研究强调"市场机制"而非"制度设计"的作用,其内容包括:一定环境中企业创新行为的适应与演化、产业技术选择和变迁以及区域"产—学—研"群落的平衡与共生共荣等[1]。

因此,传统的创新体系与创新生态体系实际上也是"静态"创新系统与"动态"创新系统的区别。创新生态系统则将创新过程中有组织结构的系统与一定环境中的具体运行过程联系起来,更具动态性和演化性。

2. 对后发地区的启示

"创新体系"到"创新生态体系"的构建与实践,很大程度上与20世纪60年代至80年代日本追赶和20世纪末美国再度振兴相关联。日本经济在20世纪90年代的金融危机之后一蹶不振,甚至出现了"失落的二十年";与此同时,美国却在创新体系思想的指引下重振了制造业雄风,硅谷更是成为全球科技创新的引擎并保持了持续创新的发展态势。一些学者率先使用创新生态系统来总结美国的成功经验,他们意识到"今天的科学和技术事业更像一个生态系统"[2]。

---

[1] 赵放,曾国屏. 多重视角下的创新生态系统研究[J]. 科学学研究,2014(12):1622-1630.
[2] 威廉·J. 克林顿,小阿伯特·戈尔. 科学与国家利益[M]. 曾国屏,王蒲生,译. 北京:科学技术文献出版社,1999.

创新体系、创新生态体系并非一种严格的理论，而是一种分析问题的框架。它是在创新理论基础上，力图促进创新的开发、扩展和应用，可以视为创新理论的实际应用研究。正是创新体系、创新生态体系的这种功能，思考和分析问题的框架使研究更多地与各个国家、地区和产业的科技、技术和创新政策制定紧密地联系在一起。

创新生态系统与创新系统研究是一体两面的关系，都研究创新体系但各有侧重。在后发国家和地区实现追赶的过程中，创新体系具有较浓厚的建设和配置意味；而创新生态系统是一个用于描述企业市场竞争的概念框架，是一种新的市场竞争模式，适用于建立起成熟市场经济的发达国家或地区。从构建"创新体系"向"创新生态体系"转变，与当前以市场机制为基础的经济转型升级、以动态优势提升产业竞争力一脉相承，是实现从要素驱动、投资驱动到创新驱动转变的基础和保障。

三、其他相关学说及评述

1. 效率论

竞争力来源的效率理论主要包括马克思的生产率理论、古典经济学的分工效率和竞争效率理论、新古典经济学的配置效率理论。

马克思的竞争力理论认为，资本主义经济围绕"个别企业提供生产力→个别价值下降→个别价值低于市场价格→竞争→该部门生产力普遍提高"的过程，即单个资本家为追求剩余价值不断提高劳动生产率而进行的成本竞争，为实现商品价值不断提高使用机制、改善商品质量而进行的质量竞争，为瓜分剩余价值不断提高资本流动性而进行的部门间竞争。因此，竞争力的来源就是生产力。

亚当·斯密十分重视劳动生产力对国民财富增加的作用，并指出劳动生产力的提高在于专业化分工，而实现专业化分工对劳动生产力的提升在于市场交换，市场的广度决定分工的深度，市场规模越大则分工越发达，市场的自由竞争是交换的前提。尽管以亚当·斯密为代表的古典经济学家没有明确提出效率的概念，但是古典学派所倡导的经济自由主义蕴涵着深刻的分工效率和竞争效率的思想。

新古典经济学研究稀缺资源在社会各种不同用途之间的收益或效用，认为完全竞争市场可以实现社会福利最大化，即配置效率最优化。新古典经济学忽视了关于生产过程的效率思想，配置效率等同于经济效率，从而产生了马歇尔局部均衡分析方法的配置效率理论、瓦尔拉斯的帕累托效率理论。

之后，一些学者对效率的概念做了进一步补充和改进，例如英国剑桥大学经济学家 M. J. Farrell 提出一个企业或部门的效率包括技术效率和配置效率[1]；美国匹兹堡大学教授托马斯·G. 罗斯基认为，经济效率包括配置效率（AE，价格效率）、技术效率（TE，X-效率）和动态效率（革新率）[2]等。

2. 潜力说

潜力说就是把现在还未成为现实、将来才能变为现实的潜在实力看成竞争力的重要组成部分。美国总统竞争力委员会的《关于产业竞争力的报告》（1984）中指出："一个国家的长期的竞争能力，包括该国经济长期增长的潜力以及该国经济结构及出口结构能够随国际市场需求不断变革的能力。"[3]我国学者王与君在《中国经济国际竞争力》

---

[1] FARRELL M J. The measurement of productive efficiency[J]. Journal of the Royal Statistical Society, 1957.
[2] RAWSKI TOMAS G. Milton Friedman, Silver and China[J]. Journal of Political Economy, 1993.
[3] 转引自：谢立新. 区域产业竞争力——泉州、温州、苏州实证研究与理论分析[M]. 北京：社会科学文献出版社，2004：8.

一书中指出，国际竞争力是"一个对该国企业创造价值所提供的环境支持能力和企业均衡地生产出比其竞争对手更多财富的能力，是一国成功地将现有资产运用于转换过程而创造更多价值的能力，它包括一个国家发展的整体现状与水平，拥有的实力和增长潜力"[①]。这种观点显然是把现在具备的能力和将来实现的潜在能力都看成竞争力。

3. 产业集群论

在区域产业竞争力涉及一定的空间范围，占据不同价值环节的地方产业集群也成为当今产业竞争的焦点。

第一个较为系统地研究产业集群现象的经济学家阿尔弗雷德·马歇尔，通过研究工业组织指出企业为追求外部规模经济而具有产业集聚。他将规模经济划分为外部规模经济和内部规模经济，认为外部经济是产业集群形成的重要原因。但马歇尔的理论没有考虑到区域内企业的成长和区域间企业的迁移等动态因素的变化。

德国经济学家阿尔弗雷德·韦伯从企业区位选址的角度，阐明了企业是否靠近取决于集聚的收益与成本的差异。他把产业集群归结为四个方面的因素：一是技术设备的发展，二是劳动力组织的发展，三是市场化因素，四是经常性开支成本。韦伯的研究在一定程度上量化了集聚形成的规则。

20世纪90年代，以保罗·克鲁格曼、藤田昌久为代表的新经济地理学理论，认为产业集聚是在不完全市场竞争的前提下，同企业的规模报酬递增、运输成本和生产要素流动的相互作用而形成。克鲁格曼将最初的产业集聚归因于一种历史的偶然，初始的优势因规模经济等"路径依赖"而被放大，从而产生"锁定"效应。

---

① 王与君. 中国经济国际竞争力[M]. 南昌：江西人民出版社，2000：46.

迈克尔·波特则从组织变革、价值链、经济效率和柔性方面所创造的竞争优势角度重新审视产业集群的形成机理和价值。产业在地理上接近，可使生产率和创新提高，交易费用降低；国家或区域是企业的外在环境，政府的目标是为国内企业创造一个适宜的环境；而评价一个国家或地区产业竞争力的关键是该国能否有效地形成竞争性环境和创新。

从上述竞争力来源的理论综述可以看出，竞争力来源理论很多，每一种理论都从某个独特的视角，阐明了竞争主体竞争力形成的原因，如表 2.1 所示。虽然没有一种理论能够完全解释现实竞争力的全部形成机理，但可以看到，竞争力来源理论正在不断深化并越来越接近现实，即一个开放的、多层次的复杂系统，各种要素存在相互促进、相互作用的关系，各种要素与外部环境之间也存在适应、调整并逐渐演化的过程。

表2.1 竞争力来源理论总结

主要理论		代表人物	竞争力来源	主要观点	简要评述
生产力理论	生产力理论	马克思	生产力	竞争力就是生产率	竞争力来源要素单一
	效率理论	M. J. Farrell			
优势理论	绝对优势论	亚当·斯密	劳动生产率	竞争力来源于劳动生产率的绝对差异	不能解释所以产品成本都不具有绝对优势时能否开展贸易和参加国际分工
	相对优势论	李嘉图	劳动生产率	竞争力取决于生产要素的集聚和效率	假定技术相同、产品无差异、要素不流动，与现实不符
	要素禀赋论	俄林	土地、劳动、资本和自然资源		
	竞争优势论	波特	"钻石要素"	竞争力来源于资源和要素分工协作的系统化	对传统优势理论的突破，更具动态性和综合性

续表

主要理论		代表人物	竞争力来源	主要观点	简要评述
集聚理论	规模经济论	克鲁格曼	规模经济	竞争力来源于规模报酬递增带来的成本下降	竞争力来源于专业化生产
	产业集群论	波特	产业集群	竞争力来源于产业的集群	
	产业集聚论	马歇尔	产业集聚	竞争力来源于产业集聚带来的外部经济	
创新理论	技术创新论	熊彼特	技术创新	竞争力来源于技术和组织的不断创新	引入技术要素
	制度创新论	诺斯	制度创新	竞争力来自于通过制度创新，营造促进技术进本和经济潜能发挥的环境	引入制度性要素

资料来源：王燕，谢蕊蕊. 区域产业竞争力比较研究[M]. 北京：经济科学出版社，2013：43.

第二节 产业竞争力评价模型与方法

产业竞争力评价模型是对产业竞争力来源理论的实践应用。目前，区域竞争力模型大都是从国家竞争力、产业竞争力模型改进而来的。为了更好地建立一个区域产业竞争力模型，本研究选择国内外相关竞争力评价最具代表性的模型，包括 IMD 国家竞争力评价模型、

WEF 国家竞争力评价模型、波特的产业竞争力"钻石模型"、区域产业竞争力 GEM 模型等，以总结其研究现状和思路。

一、相关竞争力评价模型

1. IMD 和 WEF 的国际竞争力模型及其应用

瑞士洛桑管理研究院（IMD）和世界经济论坛（WEF）被认为是当今全球最权威的发布相关经济体竞争力排行榜的重要机构。两个机构从 1980 年开始研究竞争力问题，并分别连续地发布了"世界竞争力指数"（World Competitiveness Index，WCI）和"全球竞争力指数"（Global Competitiveness Index，GCI）。其竞争力评价的理论分析框架，可总结为如下的竞争力方程式：

$$\text{竞争资产} \times \text{竞争过程} \xrightarrow{\text{国际化}} \text{竞争力}$$

在上式中，"竞争资产"是指自然资源、土地、人口规模等资产；"竞争过程"是指一国创造增加值的过程，即把资产转化为增加值的能力。IMD 和 WEF 的竞争力分析公式主要站在国家竞争力的角度，揭示了形成竞争力的关键是要做到竞争力资产和竞争力过程的统一。对此，IMD 使用不同类型的数据来描述定性问题和定量问题。每年 IMD 都进行管理人调查，以补充来自国际组织、国家和地区的统计数据。2001 年后，竞争力评价体系逐渐稳定为 4 大类构成要素：经济运行竞争力、政府效率竞争力、企业效率竞争力和基础设施竞争力，一共包含 300 多个具体指标。如表 2.2 所示。

表2.2　2001年之后"世界竞争力指数"指标体系

要素项	子要素	指标数	评价内容
经济表现	国内经济、国际贸易、投资、就业、价格	79	国内宏观经济
政府效率	公共财政、金融政策、组织机构、企业立法、社会结构	72	政府政策对竞争力的影响
商业效率	生产率、劳动力市场、金融、管理实践、态度和价值观	71	企业在创新、盈利和社会责任方面的表现
基础设施	基本基础建设、技术基础设施、科学基础设施、健康与环境、教育	101	硬件设施、技术科学、人力资源满足企业需要的程度
合计	20	323	

资料来源：根据IMD的《World Competitiveness Yearbook》整理。

WEF的《全球经济竞争力报告》中的"全球竞争力指数"从2006年开始使用美国发展与经济开发领域著名专家、哥伦比亚教授萨拉·伊·马丁开发的一个综合性的竞争力评价指标体系，该体系在已有的技术指数、公共制度指数和宏观经济环境指数的基础上，引入了劳动力市场、公共健康、物质基础设施等因素对经济增长的影响，并将指标分成九大支柱。2007年WEF又将原来的市场效率分拆成商品市场、金融市场、劳动力市场3个独立因素，并增加了市场规模因素，共155项细分指标，如表2.3所示。

表2.3　WEF全球竞争力指数及变化

分类	2006年	2007年、2008年
基础条件	制度	制度
	基础设施	基础设施
	宏观经济	宏观经济
	健康与基础教育	健康与基础教育

续表

分类	2006年	2007年、2008年
效率增强因子	高等教育与培训	高等教育与培训
	市场效率品	商品市场
		金融市场
		劳动力市场
	技术准备	技术准备
		市场规模
创新与商业成熟性	商业成熟性	商业成熟性
	创新	创新

资料来源：项目组整理。

尽管IMD和WEF的研究所涉及的因素较为庞杂，许多因素难以进行量化和比较分析，不便于直接用来作为特定产业竞争力的分析框架，但IMD和WEF的竞争力分析模式对后续多数产业竞争力的研究仍然颇具启发意义。例如，Buckley、Pass和Prescott（1988）在英国银行与保险业的竞争力研究中，提出产业竞争力3P架构，即投入面的发展潜力（potential）、管理面的组织、规划与控制过程（process）、最后所展现的产业竞争力或绩效（performance）[1]，实际上可看作对上述竞争资产、竞争过程和竞争力表现形式的另一种诠释。

1996年，中国人民大学与IMD、WEF以及原国家体委、深圳综合开发研究院共同组成中国国际竞争力研究课题组，围绕中国竞争力、产业结构国际竞争力等主题，运用世界竞争力报告的方法，结合中国创新和发展的实践，从核心竞争力（包括国家经济实力、企业管理竞争力、科技竞争力）、基础竞争力（包括基础设施竞争力、国民素质竞争力）和环境竞争力（包括国际化竞争力、政府管理竞争力、金融体系竞争力）对中国的竞争力进行了评价，编制了《中国国际竞

---

[1] BUCKLEY P J, PASS C L, PRESCOTT K. Measure of international competiveness: a critical survey[J]. Journal of Marketing Management, 1988（2）: 175-200.

争力发展报告》。

在本项研究中，我们认为"市场"是实现竞争力资产和竞争力过程统一的最关键因素，竞争资产和竞争过程都需要通过市场机制转化为产业的竞争优势，而产业竞争力最终也需要通过市场竞争得以体现。"国际化"是IMD在分析和比较国家间的产业竞争力时，对市场作用的一种特殊描述。在区域产业竞争力研究中，即本项研究的西部地区产业竞争力分析与评价中，上述公式的"国际化"可以更一般地理解为"市场化"，即以国内市场为主、兼顾国际市场。

2. 波特的产业"钻石模型"及其拓展

迈克尔·波特的"钻石模型"是目前应用或引用较多的产业竞争力分析模式。波特系统地考虑了产业竞争力的决定性因素，他认为各个产业对其经营环境有不同要求，相同的国内环境特别有利于某些产业的发展，同时特别阻碍另一些产业的发展。其中，关键要素是生产要素，需求条件，相关和支持性产业，企业战略、结构和竞争对手，重要变量是机会和政府（如图2.1所示）。

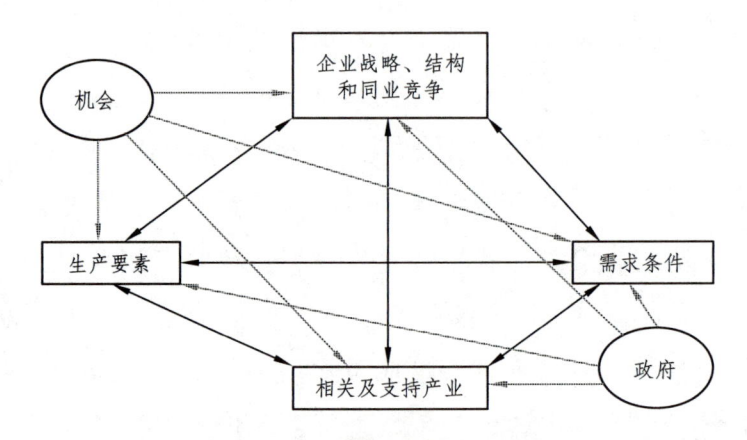

图2.1 产业竞争力钻石模型

资料来源：迈克尔·波特. 国家竞争优势[M]. 北京：华夏出版社，2004.

"钻石模型"是一种中观视角的产业竞争力分析评价模型。该模型明确将"企业战略、结构和同业竞争"这一微观企业竞争因素引入到产业竞争力分析中，作为构成和影响产业竞争优势的内生因素；而将两大宏观层面的因素，即"政府"干预，经济危机、重大创新和战争等突发事件带来的"机会"，作为影响产业竞争优势的外生因素。相对于竞争力方程式，"钻石模型"考虑了更多的产业特征和属性。

后来，不少学者根据不同的研究需要和产业发展的新趋势，对于"钻石模型"进行了修正和补充，例如 Rugman 和 Verbeke（1993）研究美国和加拿大产业竞争力联系时将其耦合为两个国家相互依存的"双钻石模型"[①]；Dong-Sung Cho（2000）在分析韩国产业竞争力时，将六因素细化为九因素[②]；芮明杰（2006）认为中国产业发展的现在与未来首先要培养自己的知识吸收与创新能力，因此在钻石模型中加入了一个核心因素——知识吸收与创新能力[③]。

在区域产业的角度，加拿大的两位学者 Tim Padmore 和 Hervey Gibson 对"钻石模型"进行了较大程度的改进，提出了一种分析区域产业竞争力的 GEM 模型。该模型将影响区域产业竞争力的因素分为三组：第一组——"基础（grounding）"，包括"资源"和"设施"；第二组——"企业（enterprises）"，包括"供应商和相关辅助行业"和"企业的结构、战略和竞争"；第三组——"市场（markets）"，包括"本地市场"和"外部市场"。

---

① RUGMAN A M, VERBEKE A.Foreign subsidiaries and multinational strategic management: an extension and correction of Porter's single diamond framework[J]. Management International Review, 1993, 33（2）: 71-84.
② DONG-SUNG CHO. From Adam Smith to Michael Porter: evolution of competitiveness theory[M]. Aspen Publishers, 2000.
③ 芮明杰. 产业竞争力的"新钻石模型"[J]. 社会科学, 2006（4）: 66-73.

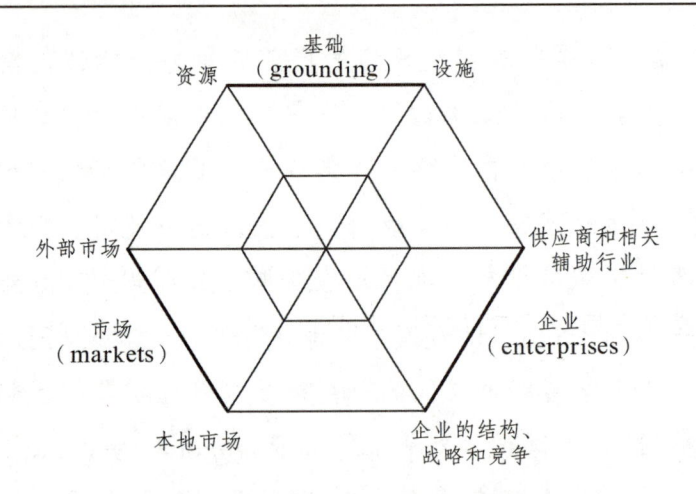

图 2.2　区域产业竞争力分析的 GEM 模型

资料来源：张洪营. 区域产业竞争力 GEM 模型研究[J]. 商场现代化，2007（1）：355.

首先，GEM 模型的产业竞争力决定因素与"钻石模型"具有相似之处，但其资料收集更倾向于选择本区域产业的社会、经济和文化特征，尤其是物质资源、人才供给、基础设施等"基础"要素与区域产业发展紧密相关。其次，GEM 模型将政府因素提升到基本或关键影响因素的层次，而非"钻石模型"的重要外部宏观因素；政府在区域产业竞争力中的作用体现在"基础"（grounding）因素组中的"设施"方面，尤其是在后发国家和地区实行经济追赶的过程中，地方政府可以在"硬件设施"和"制度安排"方面发挥积极的杠杆作用，这一作用在日本、韩国、新加坡等国家的发展实践中得到了验证，因此强调政府作用对后发国家和地区产业竞争力研究的启示作用。最后，GEM 模型认为每组的因素具有互补的作用，即优良的设施可以弥补区域产业资源的缺乏，潜力广阔的外部市场能够弥补本地市场需求的不足。这也为提升区域产业竞争力提供了相应的思路。

3. 我国学者的产业竞争力评价模型

厉无畏教授（2003）认为，产业竞争力是一个综合性、动态性和层次性的概念。综合性是指产业竞争力的竞争结果和竞争力途径、手段的综合反映；动态性是产业竞争力不同演进阶段具有不同的特征；层次性是竞争力同时受到宏观、中观和微观三个不同层面的影响。他利用产业经济学的分析框架，将产业竞争力分解为如图2.3的几个部分。

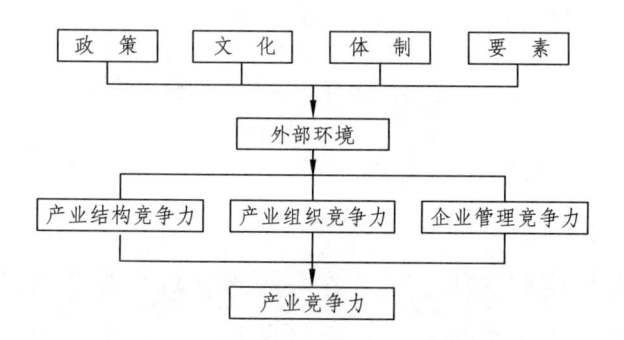

图2.3　产业竞争力的一般分析框架

资料来源：厉无畏，王振主. 中国产业发展的前沿问题[M]. 上海：上海人民出版社，2003.

该分析框架涉及面较广，我国多数学者对区域产业竞争力分析都可以归入此框架；在评价指标的设定、选取与评价体系的构建方面，各项研究各有侧重。

金碚教授在《竞争力经济学》（2003）一书中提出，研究产业竞争力的目的不仅在于客观地描述产业竞争的实际结果，更重要的是要发现决定或影响特定产业竞争力的因素，即寻找导致产业竞争的实际结果以及未来趋势的原因，从而揭示和论证产业竞争力形成的因果关系。他把反映竞争结果的指标称为实现指标（显示性指标），把表现竞争力强弱原因的指标称为直接指标和间接指标，直接指标包括价格、质量、品牌、产品结构、市场营销等因素，间接指标包括成本、技术、经营管理、企业规模和资本实力等因素。这几个方面的因素构成产业竞争力的经济分析范式（如图2.4所示）。

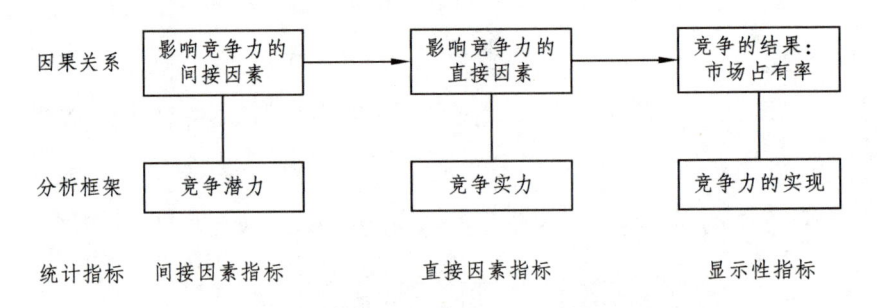

```
因果关系    ┌─────────┐    ┌─────────┐    ┌─────────┐
           │影响竞争力的│───▶│影响竞争力的│───▶│竞争的结果：│
           │ 间接因素 │    │ 直接因素 │    │ 市场占有率│
           └─────────┘    └─────────┘    └─────────┘
                │              │              │
分析框架    ┌─────────┐    ┌─────────┐    ┌─────────┐
           │ 竞争潜力 │    │ 竞争实力 │    │竞争力的实现│
           └─────────┘    └─────────┘    └─────────┘

统计指标    间接因素指标    直接因素指标    显示性指标
```

图2.4　金碚的国际产业竞争力分析框架

资料来源：金碚. 竞争力经济学[M]. 广州：广东经济出版社，2003：38.

谢立新（2004）认为，区域产业相关因素的变化，必然引起产业组织、布局和结构的变化。产业在一个地区的发展经历产生、成长、衰退或演进的生命周期过程，具有区域特色的产业竞争力主要体现在产业结构转换能力、产业空间聚散能力和产业组织成长能力三个方面。制度创新能力和技术进步能力共同构成推动区域产业竞争力的内生能力，决定一个地区创造增加值和国民财富的能力。产业经济实力（存量）、基础设施和国民素质共同为区域产业竞争力提升提供一个平台，共同构成提高区域产业竞争力的物质基础，是推动一个地区经济长期持续发展和成长的能力。区域国际化能力、政府管理能力和市场体系发育能力反映出一个地区在市场、体制、法制、政策方面的环境优劣，集中体现为区域产业发展环境，为区域产业竞争力提升提供保障。这些因素都直接或间接地影响区域产业结构转换能力、产业空间聚散能力和产业组织成长能力，从而影响区域产业发展能力（如图2.5所示）。

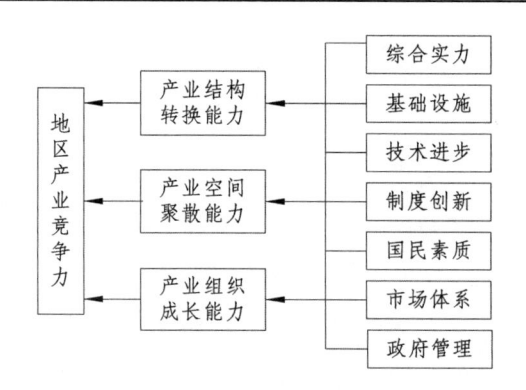

图 2.5 谢立新（2004）区域产业竞争力分析模型

资料来源：谢立新. 区域产业竞争力——泉州、温州，苏州实证研究与理论分析[M]. 北京：社会科学文献出版社，2004：54-56.

从已有的研究思路来看，竞争力模型研究大致沿着两条路径：一是从上到下的分解，将竞争力分解为国家、区域和产业三个层次；一是从下到上的汇总，如从产业到区域乃至国家。在研究过程中，总量分析、结构分析和行为分析交替使用。低层次竞争力在一定程度上为高层次竞争力提供了支撑，而高层次竞争力在一定程度上可能影响低层次竞争力的外部因素（如政策体制、区域发展水平等）。同一层次竞争力相互依存、相互作用，如产业的生产要素会影响需求条件，需求条件变化又会影响产业的生产要素的使用。

二、竞争力的评价指标与方法

随着人们对竞争力问题的关注，不同的竞争力评价方法不断被提出。总的来看，这些方法既有定性方法也有定量方法。仅就定量分析来看，既有从竞争结果角度分析的，也有从竞争力实现的原因角度分析的，还有两者结合起来研究的方法。

1. 以竞争结果为基础的指标

主要是选取和计算一系列反映竞争结果或具有显示性的指标来

体现产业竞争力大小。一般来讲，一国或地区的产品在国际和国内上占有的市场份额越大，获得的利润越多，竞争力就越强。反映竞争结果的指标主要有：产品市场占有率、固定市场份额模型指标（The Constant Market Share Model Index，CMS 指标）、显示性比较优势指数（Revealed Comparative Advantage Index，RCA 指标）等，它们反映产品竞争力在市场上的比较优势和竞争优势实现程度，这类指标已经应用于张其仔等多年来连续主编的《中国产业竞争力报告》（社会科学文献出版社，2008—2014 年）中。从竞争结果出发进行评价，能够对产业的竞争力状况有一个全面的了解，不足之处是"只知其果不知其因"。

2. 以竞争过程为基础的指标

为了弥补单项指标分析的不足，一些专家和研究机构又从分析影响竞争力形成过程的因素入手，剖析影响竞争力形成的主要因素。这类指标大体上可以分为三种：

（1）产业生态环境指标：主要包括经济发展水平（GDP、失业率、消费者价格指数）；社会文化信誉指标（通常用满意程度类定性指标表示）；产业政策指标（政策效应值、企业自由度、市场化指数等）。

（2）产业竞争动力指标：主要包括竞争环境指标（区域整体经济、人力资本、开放度、信息化水平等状况）；市场需求指标（产品购买的总量和结构等）、知识吸收、改进和产权保护指标（员工培训的时间和费用等）。

（3）产业竞争能力指标：主要包括市场化能力（经济增长率、市场占有率、销售率等）；资源转化能力（劳动生产率、资产贡献率、增加值率等）；技术创新能力（新产品产值率、专利数比重等）。

这种方法的好处在于能够为产业竞争力来源提供明确的诊断、为如何提高竞争力提供基础数据的支撑和决策依据，从而对影响竞争力的因素有一个更深刻的了解；遗憾之处在于产业生态环境的多数指标只适合于评价一个区域所有产业整体竞争力，产业竞争动力指标很难在我国已公开发布的统计数据中找到反映区域中每一个产业的具体情况。

3. 竞争结果与过程影响因素相结合的评价方法

综合评价法主要指对竞争结果以及影响或决定竞争力的多种因素进行综合考虑，通过建立系统、科学的国际竞争力指标体系，对一国竞争总体实力进行综合总体评价。这种方法一般采用加权求和的方法计算产业竞争力总指数，以此判断产业竞争力的高低。

对于权重的确定，既可以采用主观权重法、层次分析法、主成分分析法、因子分析法来确定权重，也可以采用等权重处理的方法等。综合评价法大致包括如下几种：

（1）数理统计评价法（因子、聚类等）；
（2）模糊数学综合评价；
（3）专家评价法；
（4）灰色系统评价方法；
（5）数据包络分析法。

目前，瑞士洛桑国际管理发展研究院（IMD）和世界经济论坛（WEF）的竞争力评价主要采用专家打分赋予权重。IMD对前两级要素采用了等分权重的方法，即不管包括多少子指标，每个二级要素权重固定为5%（20×5%=100%）。IMD认为这样的方法可以提高结果的可靠性，而且使研究结果与过去数据有更好的兼容性。

WEF的评价以经济增长具有"俱乐部"趋同性为前提，将处于不同发展阶段的经济体划分为三种基本类型，不同发展阶段类型的经济体，支柱权数结构也不同；支柱权数依据其历年对人均贡献的统计经验规律研究成果设定。以2006年为例，对初级发展阶段经济，在制度、基础设施、宏观经济以及健康与初等教育4个支柱的权数较大，共占到50%，而创新支柱的权数仅为10%；而对于高级发展阶段经济，其创新支柱的权数达到30%。

我国的《中国产业竞争力报告（2008）》（赵儒煜等，吉林大学出版社，2008年）等采用了主成分分析法。《中国产业竞争力报告》（张其仔等，社会科学文献出版社，2008—2014年）则对每一大类、大类中每一个指标采用逐级均值的方法确定权重。

第三节 中国西部地区产业竞争力评价模型与指标体系

一、中国西部地区产业竞争力评价指标的选择依据和原则

1. 评价指标的选择依据

上述几种竞争力来源理论实际上是从不同环节来论述区域产业竞争力的形成（如图2.6所示）。IMD模型中竞争资产、GEM模型中的基础、厉无畏（2003）模型中的外部环境等可对应图2.6中的"支撑因素"。"优势说"强调，竞争力来源于竞争主体所拥有的各种地位。"创新说"实际上是竞争主体核心能力的一种表现，是当前国际国内产业竞争、发达国家保持持续竞争力、后发地区跨越中等收入陷阱实现赶超应具备的重要能力。"效率论"解释了竞争力来源于竞争主体最终的市场表现。支持因素和竞争能力都可以视为区域产业发展的"潜力"，这些因素和具备的能力都可能转化成对应的优势，进而形成竞争力。"产业集群"是研究产业竞争力一种特有的区域表现形式，同时也是一种复杂的表现形式。产业集群通过集群中的资源共享、产业内和产业间企业之间的互动合作与竞争，获得了规模经济、范围经济、知识的溢出、学习效应和网络效应，加强了区域与企业的创新能

力，从而有利于区域产业整体竞争力的提高。

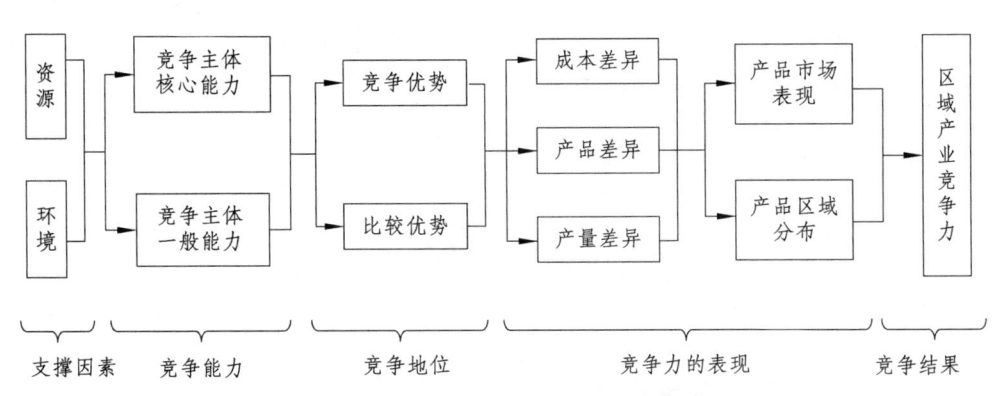

图 2.6　区域产业竞争力的不同环节

资料来源：项目组整理。

如本章第二节所述，这些理论在不同的竞争力评价模型和评价指标中都有一定程度的反映。近年来，以优势说为基础的产业竞争力理论，除了有从比较优势向竞争优势转化的趋势，还有从静态优势向动态优势的演变趋势。以创新为基础的相关分析框架也具有类似的反映。创新是实现经济转型升级的主要手段，是美国、日本、德国和韩国等大多数实现经济快速追赶、进入高收入国家和地区之列的历史经验，也是拉美、东欧等无法走出中等收入陷阱的瓶颈。对学习、创新等问题的关注有利于后发地区实现产业竞争力的提升。此外，区域产业竞争力理论在此基础上，还要突出产业集群等具有区域性的产业发展特征。

从目前的研究报告来看，传统产业竞争力理论的具体应用往往注重国际比较的"外向性"，例如国内已发布的产业竞争力报告多倾向于产业的国际间竞争力比较，忽略了产品在国内市场上与国内产品竞争中的"内向性"比较，而产业竞争力提高往往是在国际先进标准下各国国内（或区域内）生产与生活需求高级化的"内生性"需求。在区域产业竞争力的比较中，"内生性"要求可能比"外生性"需求更加重要。

从本章第二节"相关竞争力评价模型"部分可以发现，处于中观层面的产业竞争力往往以国家或地区的整体特征作为其外部环境因素,如经济发展水平、制度或政策等,这些因素的指标包括定性指标和定量指标两种。而微观的企业竞争行为往往是竞争过程的基础。因此,本研究在判断区域产业竞争力的决定因素时,应遵循三条基本准则:

(1)"内因"和"外因"共同决定,以"内因"为主;

(2)竞争"资产"与"过程"共同决定,以"过程"因素为主;

(3)突出产业内企业因素的关键性作用。

2. 评价指标的选择原则

上述竞争力方程、钻石模型和一般分析框架等为理解产业竞争力的形成过程、影响因素与研究内容提供了一定的借鉴。针对各种分析模型,科学、正确地选择相应的评价指标并构建指标评价体系是开展产业竞争力评价的前提。本研究将中国西部产业及其细分行业竞争力评价定位于中观层面的产业竞争力,对此在选择评价指标和构建指标评价体系时应主要遵循如下原则。

(1)系统性。

产业竞争力不是单一指标能够完全衡量的,既要体现产业在市场开拓上的能力,也要反映产业的生产能力,还要反映产业最终创造价值的能力;既要反映产业在价格(成本)竞争上的实力,又要反映其在非价格竞争(差异化、专业化)上的实力。因此,评价产业竞争力的指标体系应系统地针对这几个层次进行衡量与结合。

(2)简要性。

指标体系要层次分明,简明扼要,内容清晰,相对独立。特别是在低层次的指标选择上,应以尽量少的指标大体反映上一层因素的内涵。

(3)针对性。

竞争力的表现与原因有很多,不可能将每一种因素都包含进去,因此指标涉及应具有针对性。一是要针对研究的目的适当地划分主要、次要、间接性指标；二是针对本区域产业的技术经济特征进行设计。

（4）动态性。

产业竞争力的提高，既是一个目标又是一个过程，具有发展的阶段性。不同的经济发展阶段，竞争力具有不同的内涵。因此，指标选择和体系构造既要有一定的代表性和前瞻性，又要考虑指标体系的动态连续性。

（5）可操作性。

理论方面的竞争力评价设计能完整、全面和有针对性地反映研究的目标，但在实际评价过程中可能存在较大困难。一是数据的可获得性，例如 WEF 全球竞争力指数的评价指标中，既包括定量指标又包括定性指标，定性指标的量化、比较一般采用专家评价法后再进行统计处理，一般研究人员难以组织和获取。二是数据的可比性，目前我国不同年份、不同地区、不同类型的统计年鉴数据在统计口径方面仍然存在一些细微差别。因此，需要结合实际情况综合考虑，有所取舍。

二、中国西部地区产业竞争力评价体系

1. 双圆模型评价模型

已有竞争力模型的层次性，以及模型中影响竞争力的直接因素和间接因素的分类，实际上把评价区域产业竞争力的指标体系指向了一种"中心—外围"的结构体系。在对产业竞争力评价范式的理解和指标选择原则的基础上，本研究尝试紧扣影响竞争力的"外部因素和内部因素"或"标志因素和影响因素"的内涵，同时考虑我国现有统计资料，如各个省市的相关统计年鉴、《中国工业统计年鉴》、《中国第三产业统计》等，在各个细分行业方面可获取的统计指标的基础上，将区域产业竞争力的评价体系设计如下：

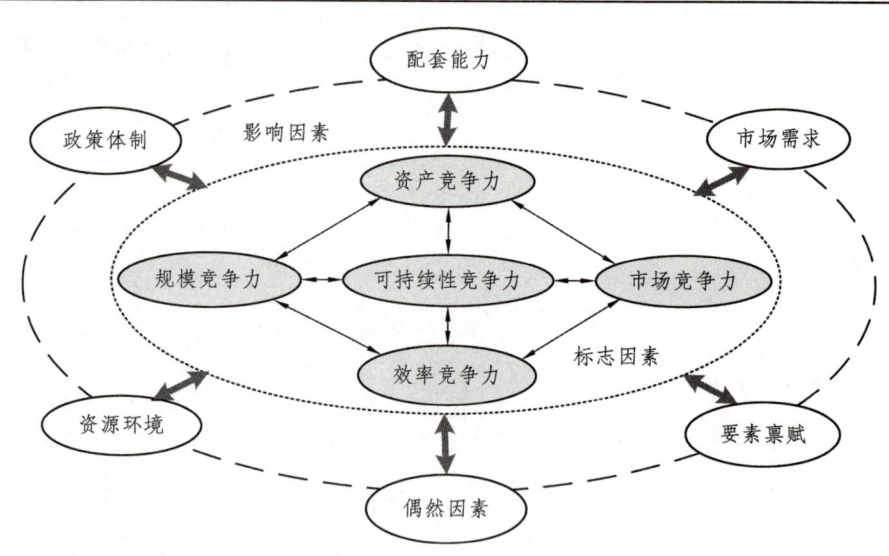

图2.7 本研究的区域产业竞争力双圆模型

资料来源：项目组整理。

直接反映区域产业竞争力高低的因素，称为标志因素，由图 2.7 双圆模型的内圆（中心）表示，属于内部因素。该标志因素将区域产业竞争力分解为以下五个子系统（或组成部分），五个部分之间是相互依存、相互影响的互补关系，缺乏其中一个因素或者五个部分之间的联结不够紧密都会削弱产业的竞争优势。

（1）规模竞争力：反映产业的发展规模、量变状况，分别从行业的企业数量、总产值和劳动人数三个角度来描述，规模经济是区域中某些产业提升和维持竞争力的基础，同时也是其竞争力最直观的一种表现形式。

（2）资本竞争力：包括产业发展的固定资产和流动资产。中国西部地区工业比重较高，资产竞争力是针对现阶段该区域产业技术经济特征设计的反映产业发展基础的指标。

（3）效率竞争力：产业技术水平和技术转化能力带来的生产率提高是产业竞争优势的重要来源，此处的技术有着较为广义的内涵，包含一般技术和部分社会性技术（如管理水平）。由于后发地区产业提升，可能包含模仿社会性技术，从而带来效率的提升。

（4）市场竞争力：反映产业市场地位、营销模式和盈利能力的综合状况，是将产业资源、要素、技术转化为收益的能力，是产业竞争结果较为直接的表现。

（5）可持续性竞争力：反映行业在市场中的发展速度或增长潜力，主要选取市场竞争力各项指标的增长率进行分析。同时，节能减排和环境治理也是当今经济可持续发展的重要支撑。

间接影响区域产业竞争力高低的因素，称为影响因素，包括要素禀赋、资源环境、政策体制、市场需求、配套能力及偶然因素等，由图 2.7 双圆模型的外圆（外围）表示，属于外部条件因素。该外部条件因素相当于区域产业竞争的生态环境。区域竞争主体通过经济联系（如市场需求）和非经济联系（如政策制度）与外部环境发生作用，外部环境（如偶然因素、文化制度等）也同样会影响区域竞争主体的行为，成为区域产业竞争力动态演化的一个重要原因。

上述五个子系统及其外部条件因素，相互影响、相互作用，不断循环反馈就构成了区域产业竞争力的动态形成过程。这一过程的目标是不断提升区域产业综合竞争力，实现手段是资源的吸收、争夺、拥有、配置和转化，实现的途径是不断创造新的比较优势和竞争优势，沿着"创造竞争环境→吸引竞争资产→提高竞争效率→实现竞争结果→形成持续竞争力"的逻辑顺序进行。因此，在开放的前提下，区域产业系统充满着内部各子系统的竞争与合作、渐变与突变、多种可能的发展分岔，不断地发展着选择和优化，其竞争力呈现出波浪式发展、螺旋式上升的图景。

2. 评价指标的构成

（1）区域产业竞争环境。

区域产业竞争环境主要包括硬环境和软环境。硬环境主要是区域产业发展的外部条件和物质基础，包括产业所处的经济环境（如区域经济实力状况）、自然资源环境（区域资源禀赋）、基础设施环境（如交通运输、信息、医疗、等设施）；软环境主要指区域的文化、教育、制度和创新环境等。

部分产业竞争环境状况很难用具体的评价指标进行定量分析，如文化、政策、制度等。同时，多数竞争力理论认为，部分外部环境是区域产业竞争的基础，尤其是自然资源禀赋、基础设施，并非区域产业竞争力的决定性因素，部分环境因素还可能是区域产业竞争力变化带来的社会经济结果或者间接性因素。因此，这一部分描述没有进入区域产业竞争力的最终评价指标体系，但本研究还会单列一章进行定性与定量相结合的说明。

（2）规模竞争力。

规模竞争力主要评价区域吸引和集聚资源与生产要素方面的能力。它是形成具有区域竞争特色的产业集群、产业区域间分布的基础，是一种总量的表现形式，同时也能反映出规模经济带来成本降低、市场势力扩大的可能。通常，理论研究认为产业规模的扩张可能拉动经济增长潜力的释放，从而推动产业竞争的形成与发展。

本研究将规模竞争力分为企业规模、产业规模和就业人数规模三种情况，分别以区域某产业的企业总数、产值和就业人数来表示。这些数据在对应年份的各省（自治区、直辖市）的统计年鉴和《中国工业经济统计年鉴》中均能获取。

（3）资产竞争力。

资产竞争力包括产业发展的固定资产和流动资产。迈克尔·波特以竞争优势来考察经济表现，将国家或区域经济发展划分的四个阶段：生产要素驱动阶段、投资驱动阶段、创新驱动阶段和财富驱动阶段。前三个阶段是区域竞争优势的主要来源；研究表明后发地区更加依赖投资驱动。因此，资本积累是目前我国西部地区的培育和提高产业竞争力的一种重要途径。研究选取以下三个指标衡量资本的引进、吸收和使用情况：

区域某产业固定资产净值=固定资产原值-累计折旧

$$区域某产业流动资产周转率=\frac{主营业务收入净额}{平均流动资产总额}$$

$$区域某产业资本贡献率=\frac{利润+税金+利息支出}{区域某产业平均资金总额}$$

其中，区域产业固定资产净值、流动资产周转率都反映了资本引进和积累情况，而资本贡献率则反映了区域产业资本使用的经济效率。上式中的相关统计指标来自《中国工业统计年鉴（2013）》"按行业分规模以上工业企业主要经济效益指标"表格中的数据。

（4）效率竞争力。

效率竞争力主要评价区域产业资源配置和资源利用方面的能力，主要包括技术水平和专业化程度。

技术水平反映产业的效率，即一种投入产出水平，通常以生产率表示。通过西部各省（自治区、直辖市）统计年鉴与《中国工业统计年鉴》的相互补充和验证，能够获取统一数据。根据OECD编写的《生产率测算手册》[1]，我们基于总产出的劳动生产率和资本生产率得出：

$$区域产业劳动生产率=\frac{区域产业总产值}{区域产业的从业人员数}$$

$$区域产业资本生产率=\frac{区域产业总产值}{区域产业的资本净值}$$

劳动生产率用以表示某一时间点上劳动投入如何有效创造产出，

---

[1] 经济合作与发展组织（OECD）. 生产率测算手册[M]. 北京：科学技术文献出版社，2008.

它在一定程度上能够反映由于劳动者素质或努力程度的差异所导致的生产率变化；资本生产率用以表示某一时间点上资本投入如何有效创造产出，它在一定程度上能够反映有形技术变革（资本变化）、生产能力和利用效率的变化。

相对于增加值，分子采用的总产值包含区域产业中间投入与相关投入的比率，或垂直整合的程度①。两种基于总产出的生产率能够反映劳动投入、资本投入和中间投入变动的综合效果。

效率竞争力中用区位商衡量专业化程度，它是一定时期内一般技术和部分社会性技术的综合反映：

$$区位商 = \frac{区域某产业就业人数 / 区域总就业人数}{全国某产业就业人数 / 全国总就业人数}$$

如果区位商大于1，该产业在该地区集聚程度较高，区位商越大，产业的集聚程度和专业化水平越高；一般地，区位商大于2时，该区域产业生产主要为区外服务。如果区位商小于或等于1，则该产业为区域自给性部门，专业化程度较低。

（5）市场竞争力。

市场竞争力主要评价产业竞争结果，是本期产业竞争产生的结果及前期产业竞争的累积效果，主要包括市场表现、企业表现和产业表现。

市场表现用区域产业国内市场占有率和出口竞争力表示：

$$国内市场占有率 = \frac{区域某产业销售总值}{全国该产业销售总值}$$

$$出口竞争力 = \frac{区域某产业出口交货值}{全国该产业销售总值}$$

一般来说，区域市场占有率较高，表明其市场地位有所提高，并意味着其经营差异报告和品牌暂居优势。区域市场占有率越高，越有

---

① 垂直整合是将产业链上的上、下游业务整合在一家企业生产。

可能在市场中占据主导地位，获得市场势力，控制市场，从而获得更高利润。而出口竞争力不仅受到产业价格、质量品牌和服务的影响，还受到出口企业的营销能力、资金能力、制造能力和创新能力的影响。

企业表现意味着在竞争性市场中，一个企业比其竞争对手能够长期有效地向市场提供更好产品或服务，并获得赢利和自身发展的综合素质。企业表现最终会反映到企业所在区域的产业中，形成该区域市场竞争力的产业表现。

在此基础上，产业表现采用区域产业的产品销售率和成本利润率来衡量：

$$区域某产业产品销售率 = \frac{区域某产业销售总值}{区域某产业生产总值}$$

$$区域某产业成本利润率 = \frac{区域某产业利润总值}{区域某产业成本费用总额}$$

产品销售率是反映产业产品已实现销售的程度，分析其产销衔接情况，研究产业的产品满足社会需求程度的指标；而成本利润率则反映在此基础上的盈利能力。

上式中的利润总额和成本费用总额来自相关统计年鉴的"按行业分规模以上工业企业主要经济效益指标"表格。成本费用一般由主营业务成本、主营业务税金及附加和三项期间费用（管理费用、财务费用、销售费用）构成。

（6）可持续性竞争力。

产业可持续性竞争力主要评价区域产业竞争力的长期发展动力和可持续发展水平，包括产业成长性和环境的可持续性。

产业成长性主要利用区域产业发展速度来反映，以某一区域某一产业考察时期（如2012年）前溯五年（如2007年）的期间年平均增速来衡量，包括产品销售增长率、市场占有率增长率和成本利润增长率。

产业成长性主要表现区域产业持续增长的势头。在当前产业发展绿色化、生态化的趋势下，这种势头能够保持下去还需要与产业的节能减排、绿色低碳和区域生态环境保护等发展目标相吻合。

原则上，区域节能减排指标可以用单位产值三废排放量、单位产值能源消耗和环境治理投资来衡量。但是，单位产值三废排放量、环境治理投资通常在相关统计年鉴中以一个区域的总量来统计，并没有发布按行业进行细分的相关数据；各个产业能源消耗情况，不同省（自治区、直辖市）的能源统计结构并不统一，有些省份较为全面地包含煤炭、原油、汽油、天然气、电力等多种消费量，但有些省份则只发布了部分能源（如原煤、电力）的情况。对此，本研究主要采用单位产值的原煤消费量来综合体现节能减排和环境治理情况，即：

$$区域某产业单位产值能源消耗 = \frac{区域某产业原煤消耗量}{区域某产业总产值}$$

该指标值越小，区域产业发展的环境可持续性越高。原煤是大多数省份能源统计都会发布的一项指标，也是我国现阶段发展中多数省份工业的重要能源消耗；同时，原煤消耗带来的二氧化硫（SO_2）、一氧化硫（SO）也是目前各省份（尤其是西部省份）环境生态的主要污染源。因此，本项研究认为区域某产业单位原煤消耗量能够在一定程度上，从相反的一面、相对的一面同时反映一个地区节能减排（清洁型能源的使用）和环境污染的情况。

综上所述，本研究采用的指标体系如图2.8所示。

目前，竞争力的评价方法具体分为三类：均值法、主观赋权法和客观赋权法。均值法视所有因素的影响作用都相同，所有指标的权重也都一样，这种方法掩盖了竞争力内部各构成要素相对作用不同的事实。主观赋权法包括直接赋权、层次分析法、灰色关联度等，这类方法对指标权重的具体数值赋予是通过个人主观确定的，带有极大的主观性和随机性，使得评价结果带有主观色彩，难以客观反映真实水平。客观赋权法根据指标的原始数据分析指标差异性特征并进行综合测评，具有操作性强、客观统一的优点。其中，主成分分析法是客观赋权法的一种主要方法，用几个综合因子代表众多的变量，使得在变量个数较多的高维空间中研究样本规律的问题得到简化，并能够从实证角度检验和修正指标选择的理论假设、论证指标的权重地位。因此，本研究选用主成分分析法对中国西部地区产业竞争力进行综合评价。

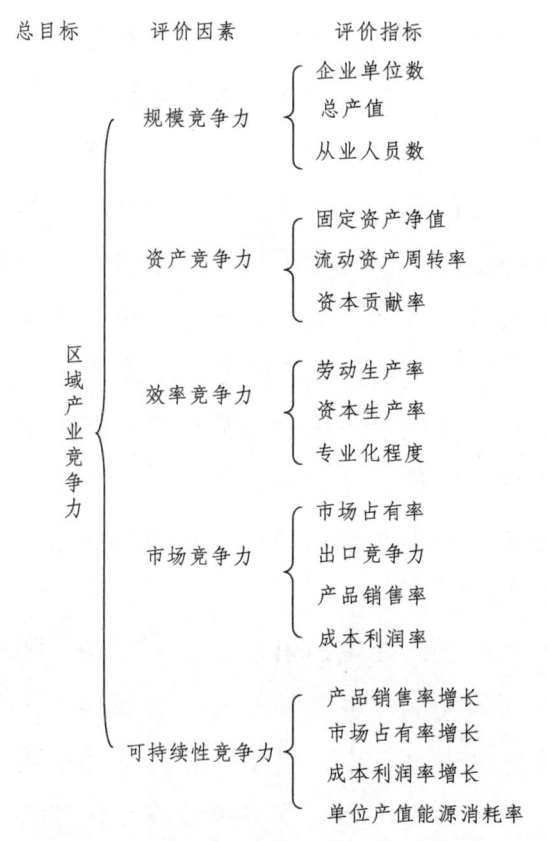

总目标	评价因素	评价指标
区域产业竞争力	规模竞争力	企业单位数；总产值；从业人员数
	资产竞争力	固定资产净值；流动资产周转率；资本贡献率
	效率竞争力	劳动生产率；资本生产率；专业化程度
	市场竞争力	市场占有率；出口竞争力；产品销售率；成本利润率
	可持续性竞争力	产品销售率增长；市场占有率增长；成本利润率增长；单位产值能源消耗率

图 2.8　区域产业竞争力评价指标体系

资料来源：项目组整理。

第三章　中国西部地区产业竞争环境的内部趋同

近年来，一些研究报告认为中国本身就是一个"世界"[①]。为了增加经验研究的可比性，他们往往把中国省级行政区分为几种不同类型，例如把京沪等大城市与新加坡、香港等城市型经济作比较；把经济发展条件较好、人口数量较多的省份与日、韩等经济体相比；把其他一些发展条件较差的省份与国际上发展水平较低的经济体相比，然后将各省分析结果汇总，作为全国这个大经济体的数据。

这一思路和做法实质上反映了我国东、中、西部地区经济发展的"俱乐部"现象。已有的实证研究表明，自改革开放以来，我国省级经济增长在不存在明显绝对趋同和条件趋同的背景下，东、中、西部三大区域内部均出现了显著性趋同，各个区域自身的经济稳态使得各个区域内部省份向着对应的稳态趋同，从而形成东、中、西部区域三个明显的趋同俱乐部[②-③]。

我们认为，如果三大区域的俱乐部效应存在，那么其自身经济稳态因素应该与产业的发展环境密切相关。在西部地区各省（自治区、直辖市）的产业竞争力比较中，由于产业竞争环境具有内部趋同的趋势，因此将产业竞争环境作为竞争力评价模型的外部因素，对西部地

[①] 刘世锦. 陷阱还是高墙？——中国经济面临的真实挑战和战略选择[M]. 北京：中信出版社，2011.
[②] 吴彤，罗浩. 中国区域经济趋同性演技综述[J]. 当代财经，2004（4）：85-88.
[③] 潘文卿. 中国区域经济差异与收敛[J]. 中国社会科学，2010（1）：72-84.

区各省（自治区、直辖市）的产业竞争力结果影响并不显著，本研究采用图 2.8 的指标体系具有一定的合理性。

第一节　中国西部产业发展现状与趋势

本研究将通过对西部产业内部和产业间结构变化的分析，研判西部各省（直辖市、自治区）经济发展所处的阶段和位置，以便为后续产业竞争环境分析打下基础。

一、西部地区的经济发展阶段

理论上讲，经济发展阶段的划分可以参考钱纳里的经济发展阶段理论、霍夫曼的工业化阶段理论、罗斯托的经济成长阶段理论等。然而，罗斯托的经济成长阶段理论没有系统的可供参照的定量指标，霍夫曼的工业化阶段理论遭到不少经济学家的质疑，而制定于工业早中期的钱纳里评价指标须随美国国内生产总值平减指数的变化进行调整，且该指标的应用更新严重滞后。因此，目前各类研究报告中，判断经济发展阶段最常用的是世界银行的标准。

1. 世界银行的经济发展阶段判断标准

世界银行从 1987 年开始，综合考虑人均国民收入水平和人文发展指标（例如婴儿死亡率和贫困发生率等），将各国发展阶段分为低收入、中低收入、中高收入和高收入四类。之后发现，人均国民收入与这一系列人文发展指标存在较为稳定的关系，仅以各国的人均国民收入作为分类依据，且不断对收入分类诸阈值进行动态调整，如表 3.1 所示。

表 3.1　世界银行划分各国发展阶段所依据的人均国民收入门槛标准　　单位：美元

国家分类	1987 年	1990 年	1995 年	2000 年	2005 年	2012 年
低收入	≤480	≤610	≤765	≤755	≤875	≤1 035
中低收入	481~1 940	611~2 465	766~3 035	756~2 995	876~3 465	1 036~4 085
中高收入	1 941~6 000	2 466~7 620	3 036~9 385	2 996~9 265	3 466~10 725	4 086~12 615
高收入	>6 000	>7 620	>9 385	>9 265	>10 725	>12 615

数据来源：项目组整理。

值得注意的是，世界银行的划分标准采用"人均国民收入"（即人均 GNI）而非我国统计数据中常用的"人均国内生产总值"（即人均 GDP）。在统计意义上，国民总收入（GNP）是一个国家国民一年内用于生产的各种生产要素所得到的全部收入，即工资、利润、利息和地租的总和；而 GDP 是对一个国家的境内所有常住单位生产的最终产品总量的度量。两者的关系为：GNP=GDP+（来自国外的劳动者报酬和财产收入−支付国外的劳动者报酬和财产收入）。通常 GDP 比 GNP 更易于统计。世界银行是通过订立专门协定并在保留较大独立性的前提下，加入联合国的自治组织，它一般被视为联合国系统下的一个专门机构。从 1993 年开始，联合国统计司对统计口径进行了调整，用 GDP 替代 GNP，将 GNP 改为 GNI 作为国民经济核算的新指标，形成了表 3.1 中"人均国民收入"的统计基础。

GNI 和 GDP 的差额实际上是一个国家或地区对外发展战略和对外经济实力的最终反映。若一个国家或地区缺乏与外部资本的经济交往，则 GDP 与 GNI 没有太大差别。若一个国家或地区积极对外开放，大力引进外资并且外商投资开始获利，则 GDP 将大于 GNI。若一个国家或地区进一步开放，企业实力提高并开始走出国门在世界各地建立境外企业，则这些企业可以盈利汇回国内，此时 GNI 可能增加并与 GDP 基本平衡，最后甚至大于 GDP。但是，就目前我国实际调研情况来看，我国还没有从"外向型"经济体系转变为"开放型"经济系统，达到"GNI大于GDP"的水平。

2. 我国西部地区经济发展阶段的判断

西部地区的概念在很多学术研究和面向一般公众的媒体上频繁出现，主要体现在"东部、中部、西部、东北"四大地区划分和"东部、中部、西部"三大地区划分之中。其中，"内蒙古自治区"的归属存在些许差异，一些研究认为其属于西部，一些研究则将其划入中部地区的范畴[1][2]。

本研究以常见的经济地带划分为准，西部地区的主要省市包括四川、重庆、贵州、云南、西藏、陕西、甘肃、青海、宁夏、新疆、广西、内蒙古[3]，即享受国家西部大开发优惠政策的12个省级行政区，2013年总面积达686万平方公里，总人口约3.66亿，总面积和人口分别占全国的71.4%和26.9%。

根据国家外汇管理局公布的2012年人民币对美元平均汇率为1∶6.31（摘编自《中国统计摘要2013》），我国东、中、西部三大区域各省级行政区的人均GDP如图3.1所示。三大区域除了地理位置的区别之外，经济发展也具有明显的区域特征，三大区域人均GDP具有一定的"阶梯状"分布，东部地区人均GDP平均9 821美元，中部地区平均5 424美元，西部地区平均5 137美元。中部地区和西部地区的均值非常接近，但从图3.1看，这可能由西部地区的内蒙古具有

---

[1] 沈坤荣，马俊. 中国经济增长的"俱乐部收敛"特征及其成因研究[J]. 经济研究，2002（1）：33-39.
[2] BHALLA A，YAO SHUJIE，ZHANG ZONGYI. Regional economic performance in China[J]. Economics of Transition，2003，11（1）：25-39.
[3] 参见中华人民共和国国统计局网：http：//www.stats.gov.cn/tjzs/cjwtjd/201308/t20130829_74318. html.

较为明显的离群值(人均 GDP 为 10 121 美元)所致。内蒙古人均 GDP 在很大程度上与其重化工业发展较多、发展较快、人口相对较少有关，但实际人均收入却不能与高人均 GDP 相对应，这也是采用 GDP 替代 GNI 测算可能存在一定的向上偏误的重要原因。

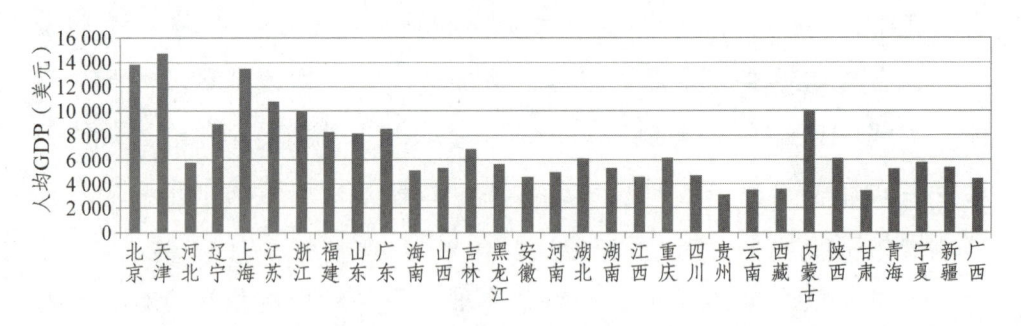

图 3.1　2012 年三大区域省级行政区人均 GDP 情况

资料来源：《中国统计年鉴 2013》及项目组整理。

考虑到三大区域的经济开放程度，本研究采取相对保守的估计和判断，认为我国采用人均 GDP 判断的结果存在"虚高"的可能性；我国的东部地区已开始有一些优秀的国内企业走出国门，如华为、海尔、中兴等，"虚高"的可能性相对较小，处于中高收入阶段；而中部和西部地区目前仍处于提倡大力引进外资的阶段，同时人口相对较少，人均 GNI 与 GDP 的偏差相对较大，另外考虑到 2010 年以来人民币的快速升值，两个地区可能处于中低收入或即将进入中高收入的阶段。按照世界银行的标准，中高收入的国家和地区多处于从效率驱动向创新驱动的发展阶段，而中低收入则处于从要素驱动向效率驱动的发展阶段。因此，西部地区产业经济发展仍具有要素驱动和效率驱动的双重特征。

二、西部地区产业发展的现状与特征

尽管西部地区在经济发展方面与东部地区存在差距，但其幅员辽阔、自然资源丰富，更是长江、黄河、澜沧江等河流的发源地，在全国的原材料和能源供应、环境与生态平衡方面占据重要的战略地位。西部大开发战略实施以来，以青藏铁路、西部公路网等为代表的基础设施建设取得实质性进展；西部地区以资源优势为依托，以市场为导向，依靠科技进步，积极承接产业转移，推动了该地区重点行业和特色产业的选择与发展，产业结构不断优化，自我发展能力不断提升。

从产业结构的演进来看，西部大开发战略实施以来，西部地区的第二产业（尤其是制造业）产值上升较快，其次是第三产业（如图3.2所示）。第二产业在2006—2010年（"十一五"期间）扩张较为迅速，自2011年增速开始放缓，第三产业则一直保持较快速度增长。2000—2013年三次产业的年均增速分别为11.74%、18.43%和17.28%。到2013年，西部地区第一、第二、第三产业的总产值分别达到15 700.8亿元、62 356.5亿元和47 945.4亿元，较上一年分别增长9.55%、9.20%和12.90%，其增速均有所下降并低于2000—2013年的年均增速，其中第二产业下降最多，但第二产业产值的比重（49.49%）远高于第一产业（12.46%）和第三产业（38.05%），占据主导地位。

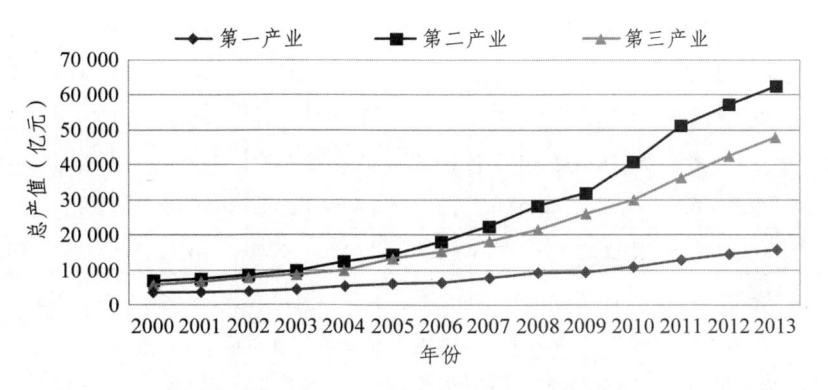

图3.2 西部地区三次产业总产值的演变趋势（2000—2013年）

资料来源：根据《中国统计年鉴》（2001—2014年）整理。

从西部各省（自治区、直辖市）的产业整体情况来看，除了贵州和西藏之外，其他省级行政区的产业结构均呈现"二三一"格局（如表3.2所示）。相应地，除贵州、云南、甘肃和宁夏之外，其他省级行政区第二产业产值的年均增长率均大于第三产业，地方生产总值增速较快的省份往往也是第二产业增速较高的省份，两者相关系数达到89.1%；而地方生产总值的年均增速与第三产业增速的相关系数约为78.3%。因此，目前西部地区无论是经济总量还是增量对第二产业的依存度均较高。

表3.2　2013年西部地区三次产业发展情况　　　单位：亿元，%

区域	总产值	三产比重	增长率	第一产业产值		第二产业产值		第三产业产值	
				增长率	对GDP贡献率	增长率	对GDP贡献率	增长率	对GDP贡献率
重庆	12 656.7	8.0∶50.6∶41.4	17.3	10.3	6.6	19.1	51.9	17.4	41.5
四川	26 260.8	13.0∶51.8∶35.2	15.6	10.4	11.1	17.3	53.4	15.9	35.5
贵州	8 006.8	12.9∶40.5∶46.6	17.4	10.8	10.8	17.7	40.7	20.4	48.5
云南	11 720.9	16.2∶42.0∶41.8	14.8	12.0	14.9	14.5	41.8	16.5	43.2
西藏	807.7	10.7∶36.3∶53.0	16.0	6.9	7.3	20.1	38.5	17.3	54.2
陕西	16 045.2	9.5∶55.5∶35.0	19.1	14.0	8.7	21.2	56.9	18.0	34.5
甘肃	6 268.0	14.0∶45.0∶41.0	15.3	12.4	13.0	15.4	45.1	16.6	42.0
青海	2 101.1	9.9∶57.3∶32.8	17.3	13.8	9.2	19.9	59.3	15.1	31.5
宁夏	2 565.1	8.7∶49.3∶42.0	19.1	12.9	7.7	19.9	49.8	20.1	42.5
新疆	8 360.2	17.6∶45.0∶37.4	15.0	13.3	16.9	15.4	45.4	15.3	37.7
内蒙古	16 832.4	9.5∶54.0∶36.5	21.1	12.4	8.1	24.0	55.3	21.4	36.6
广西	14 378.0	16.3∶47.7∶36.0	16.2	12.0	14.6	18.6	49.6	15.9	35.8
西部	126 002.8	12.5∶49.5∶38.1	16.8	11.7	11.0	18.4	50.7	17.3	38.3

注：1. 增长率和对GDP贡献率以2000年数据为参照进行计算；
　　2. 贡献率指三次产业产值增量与地区生产总值增量之比。
资料来源：根据《中国统计年鉴》（2001—2014年）整理。

图3.3显示了全国31个省级行政区三次产业产值比重的分布情况，东部地区三产比重总体水平为6.4∶48.2∶45.4、中部地区三产比

重总体水平 12.4∶52.1∶35.6、西部地区三产比重总体水平 12.5∶49.5∶38.1[①]。东部地区已形成第一产业低于10%，第二、三产业并驾齐驱的较为理想的产业结构。中部和西部地区的情况大致相同，即第二产业占据主导地位，地区内部各省级行政区的三产比重波动不大，具有一定的整体性特征。

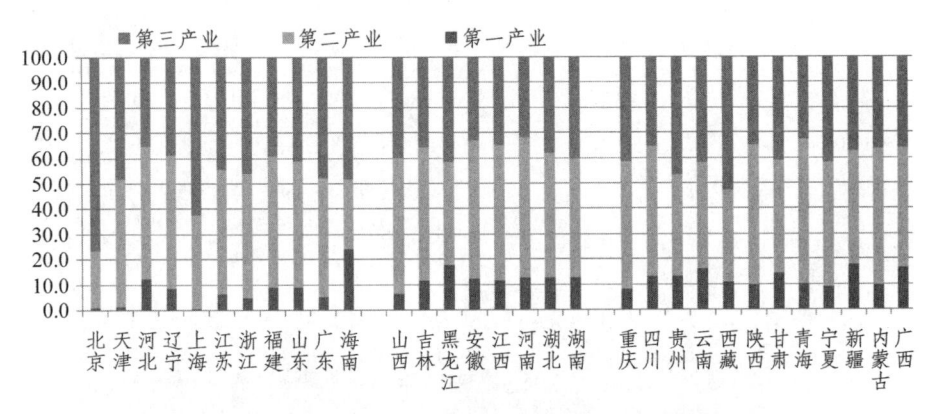

图3.3 中国区域三次产业的产值比重分布（2013年）

资料来源：根据《中国统计年鉴2014》整理。

1. 西部地区工业发展的现状与特征

从工业发展规模方面来看，东、中、西部三大区域的工业主营业务收入也具有较为明显的"阶梯状"分布（如图3.4所示），东部地区整体最高，其次是中部地区，西部地区最低。西部地区工业主营业务收入超过2万亿元的仅有四川省，其余省份则与东部和中部地区差距较大。从工业发展速度方面来看，2008—2013年的五年期间，西部地区各个省级行政区的工业主营收入增长率处于14.16%~24.16%，大致处于三大区域的中间位置；相对于东部和中部，西部各个省级行政区之间的增长率分布在一个相对狭窄的区间内，地区内部的工业发展趋

---

① 东部地区包括北京、天津、河北、辽宁、上海、江苏、浙江、福建、山东、广东和海南11个省级行政区；中部地区包括山西、吉林、黑龙江、安徽、江西、河南、湖北、湖南8个省级行政区。

势具有一定趋同性。尽管目前工业规模仍然偏低，西部地区工业增长率却高于东部多数省份，呈现出"追赶"特征。四川、重庆、陕西、内蒙古和广西等西部工业规模较大的省级行政区，其工业增长率也相应地保持在较高水平，逐渐形成成渝、关中、广西北部湾、呼包鄂等西部重点经济区域或增长极。

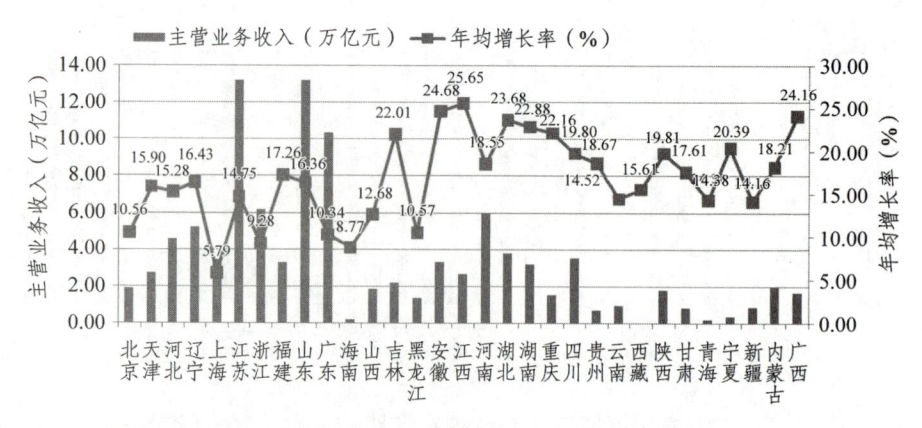

图 3.4　中国三大区域省份2012年工业主营业务收入及2008—2013年年均增长率

资料来源：根据《中国统计年鉴2009》《中国统计年鉴2013》整理。

西部地区拥有较为丰富的自然资源，在工业内部，原材料工业占据了较大比重，如图3.5所示。能源、化工业、重要矿产资源开采及加工业在全国逐渐占据重要位置，其中广西氧化铝基地生产规模占全国的1/4；甘肃金昌镍年产量占全国总产量的90%，新疆、青海、陕甘宁、川渝已成为我国重要的石油天然气生产基地。西部拥有独特的光、热和水土资源，有利于发展具有特色的农副产品生产与加工行业，其中，四川商品粮生产基地已成规模，新疆优质棉基地播种面积和产量分别占全国的22.9%和32.8%，内蒙古牛奶、羊肉、山羊绒产量连续五年居全国之首，广西、云南蔗糖总产量占全国的90%，陕西苹果种植面积和产量均占全国的近1/4。近年来，依托西安、成都、重庆等西部中心城市在军工、科研院所与科技人才等方面的优势，西部地区一方面积极发展电子信息、航空航天、新能源、新材料等高新技术产业,形成了西安、成都国家级软件产业基地,贵阳大数据产业基地,银川智能装备产业基地等重要产业基地;另一方面运用先进技术和高新技术改造提升传统产业,重大装备制造研发设计、核心元器件配套、加工制造和系统集成的整体水平也有明显提高。

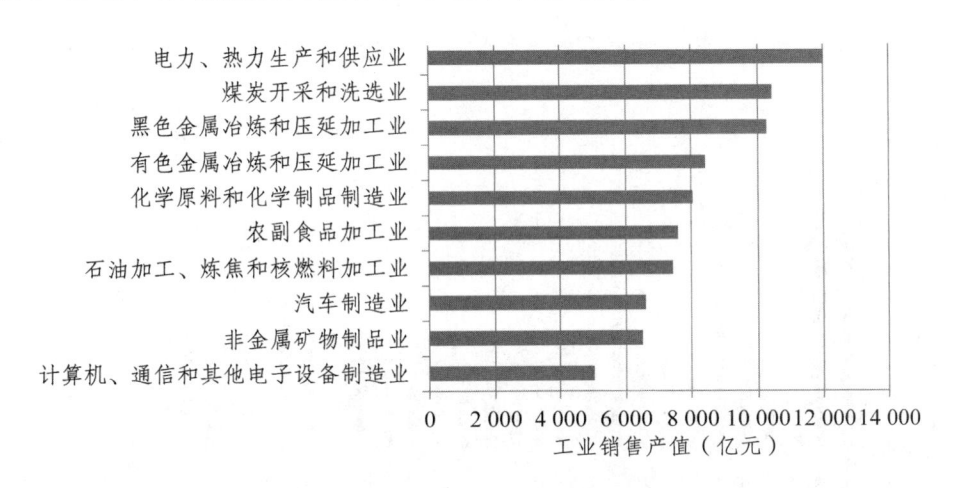

图3.5 中国西部地区2012年工业销售产值排序前10位行业

资料来源:根据《中国工业统计年鉴2013》整理。

图3.5中10个行业的销售产值占整个西部地区的65.23%,其中有7个行业是与原材料相关的行业。这意味着西部地区工业内部仍以资源密集型行业为主,呈现出低端化、高投入、高消耗等特征,工业整体技术水平较低。

本研究还考察了高技术制造业的发展情况。根据国家统计局的统计口径,我国高技术产业主要包括医药制造业、航空航天器制造业、电子及通信设备制造业、电子计算机及办公设备制造业以及医疗器材及仪器仪表制造业[1]。

---

[1] 我国高技术行业的界定主要依据国家统计局发布的《高技术产业(制造业)分类》和《中国高科技产业统计年鉴(2013)》中的行业定义与范围。

图 3.6 展示了我国高技术产业主营业务收入占工业主营业务收入的比重情况。分区域看，东部、西部地区的高科技产业比重的分布差异较大，而中部地区则较为平均。其中，东部地区的北京、上海、江苏和广东形成了我国高技术产业发展的四个极核，重庆和四川则成为西部地区的高技术中心，但目前这两个高技术中心对西部地区的带动作用尚不明显。总体来看，西部地区高技术产业尚未出现趋同的趋势。

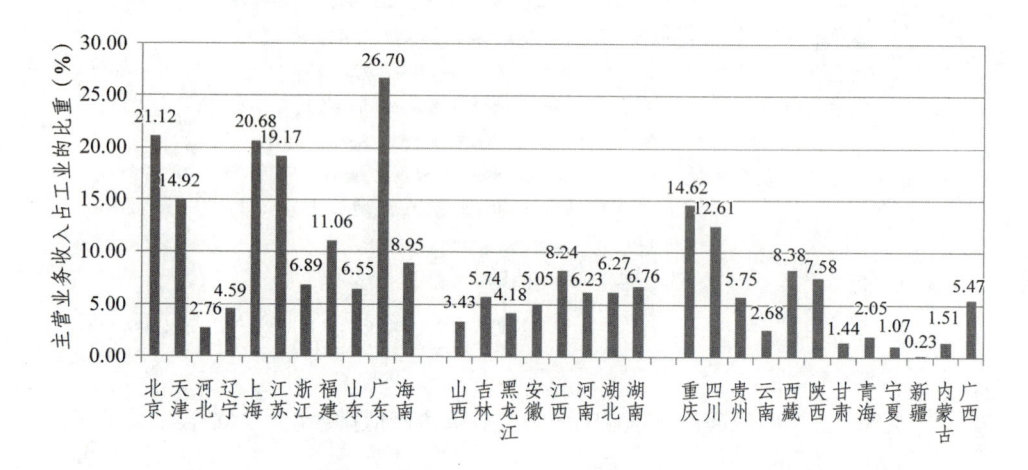

图 3.6 中国三大区域省份高技术产业主营业务收入占工业的比重（2012 年）

资料来源：根据《中国高技术产业统计年鉴 2013》《中国统计年鉴 2013》整理。

2. 西部地区服务业发展的现状与特征

从规模来看，东、中、西部三大区域的服务业产值规模也具有较为明显的"阶梯状"分布（如图 3.7 所示），即呈现区域内部俱乐部趋同的特征。其中，东部地区平均为 14 714.16 亿元，中部地区平均为 7 061.17 亿元，西部地区平均为 3 995.45 亿元。但从发展速度来看（如图 3.6 所示），2008—2013 年，我国三大区域的服务业产值年均增长分布差异不大，基本上处于 13.30%~23.43%。

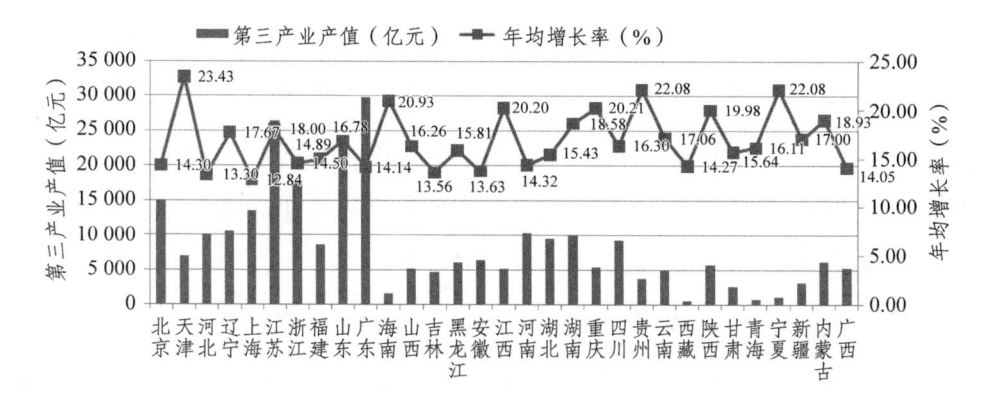

图 3.7　中国三大区域省份 2013 年服务业产值及 2008—2013 年年均增长率

资料来源：根据《中国统计年鉴 2014》整理。

在服务业内部，西部地区服务业就业人数分布较多的行业是教育，公共管理、社会保障和社会组织，卫生和社会工作 3 个行业（如图 3.8 所示），均属于公共服务的范畴。近年来，工业化和城市化的加速为西部现代服务业的发展注入了强大动力，以交通运输、仓储和邮政业，科学研究和技术服务业，金融业为代表的生产性服务业迅速发展，为工业支柱产业发展提供了支撑。

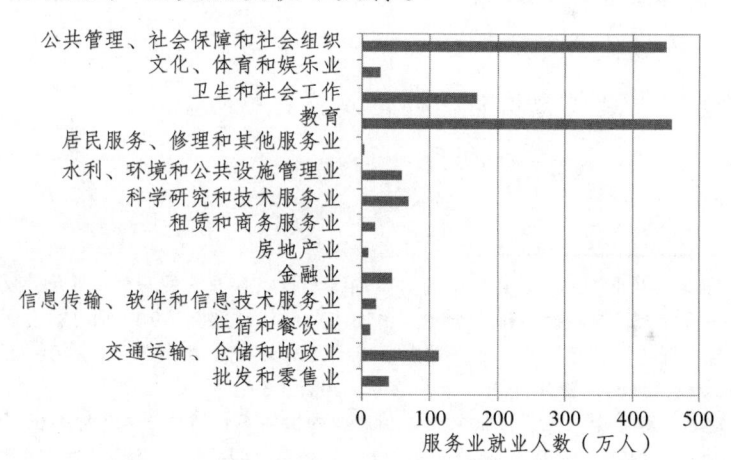

图 3.8　中国西部地区 2013 年服务业就业人数

资料来源：根据《中国统计年鉴 2014》整理。

"十二五"以来，中国进入了必须通过转型升级才能实现经济持续健康发展的关键阶段。加快发展生产性服务业成为经济结构调整和产业竞争力提升的重要抓手，这既有利于有效激发内需潜力，又有利于引领制造业向价值链高端提升，实现现代服务业与农业、工业等在更高水平上的有机融合。

基于上述考虑，本研究将服务业划分为生产性服务和生活性服务两大类以考察服务业内部结构发展情况。借鉴已有研究①②③，本研究的"生产性服务业"将对应《国民经济行业分类与代码（GB/T 4754-2011）》中的交通运输与仓储业，信息传输、软件和信息技术服务业，金融业，租赁和商务服务业，科学研究和技术服务业5个细分行业，生活性服务业则涵盖剩下的第三产业各行业。从图3.9的数据来看，东部各个省级行政区的生产性服务业与生活性服务业就业人数比重平均约为19.67∶80.33，略高于中部地区（17.45∶82.55）和西部地区（17.97∶80.03）。从就业人数来看④，除了目前北京和上海的生产性服务业比重较高之外，三大区域内省级行政区的生产性服务业与生活性服务业就业人数比重分布没有表现出非常明显的差距，各个区域内部生产性服务业发展较为均衡，极化效应尚不明显。

---

① 顾乃华，毕斗斗，任旺兵. 中国转型期生产性服务业发展与制造业竞争力关系——基于面板数据的实证分析[J]. 中国工业经济，2006（9）：14-21
② 江静，刘志彪，于明超. 生产者服务业发展与制造业效率提升：基于地区和行业面板数据的经验分析[J]. 世界经济，2007（8）：52-62.
③ 陈建军，陈菁菁. 生产性服务业与制造业的协同定位研究——以浙江69个城市和地区为例[J]. 中国工业经济，2011，6（6）：141-150.
④ 本研究没有采用生产性服务业与消费性服务业的增加值进行比较，是由于《中国统计年鉴》和《中国第三产业统计年鉴》中服务业细分行业数据仅涉及"交通运输、仓储和邮政业""批发和零售业""住宿和餐饮业""金融业""房地产业"和"其他"，无法提取完整的生产性服务业数据。

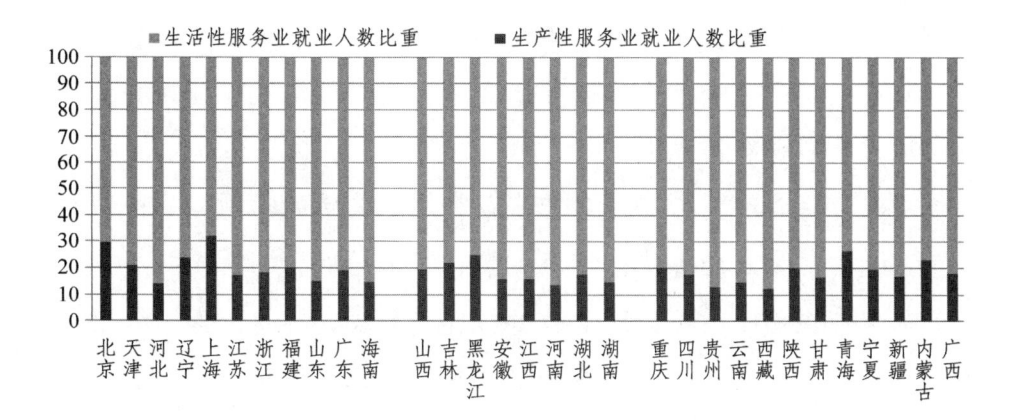

图 3.9 中国三大区域省份生产性服务业与生活性服务业就业人数比重（2013年）

资料来源：根据《中国统计年鉴2014》整理。

第二节 中国西部产业竞争环境的趋同分析

一、产业竞争环境的分类和评价

产业竞争环境是区域产业竞争力评价模型的外围子系统，是区域产业竞争力形成和提升的基础，包括影响区域产业竞争力的所有区域要素，环境竞争力就是对这种区域产业系统所处的外部条件相对优势的综合评价。产业竞争环境的建立和优化范围很广，包括资源禀赋、知识和技术、政治经济、资本和市场、相关产业发展和产业政策等内容。目前，关于经济环境构成要素及评价指标的研究相对较多，但专门研究产业环境构成要素及识别指标的成果很少。

赵彦云（2009）在《中国产业竞争力研究》一书中以瑞士洛桑国际管理发展学院（IMD）的《世界竞争力年鉴2005》指标和数据为基础，选取5个与制造业产业竞争密切相关的环境竞争力要素，分别是：公共服务、税收、金融市场、资本流动、国际贸易，而后将相关指标分别归类，计算制造业环境竞争力水平[①]。资本流动和国际贸易等环节因素在国内产业竞争中作用并不突出，在多数情况下国内资本和货物往往可以实现自由流通。

熊勇清、冯韵雯（2013）借鉴迈克尔·波特的模型，将区域产业发展环境界定为五个维度：生产要素、需求条件、相关支持产业、产业组织结构和政府行为，5个一级指标下又设立了17个二级指标和101个三级指标[②]。该产业竞争环境评价实际上涉及迈克尔·波特的产业竞争力"钻石"模型"机会"偶然因素之外的影响产业竞争力的所有因素。这种理解过于宽泛，对内在竞争力和外部环境因素的界定并不严密。

一般来说，在产业发展的初级阶段，知识和资本要素相对不发达，此时区域发展以劳动密集型行业为主，自然资源禀赋环境对其影响较大。随着区域经济的发展，资本密集型和技术密集型行业逐渐增多并占据主要地位，此时产业竞争需要区域外部条件不断向高级化方向发展，即对资本环境和知识技术环境的要求增加。

王燕、谢蕊蕊（2013）指出，区域产业竞争环境的建设和维护一般经历了三个阶段：初期主要以为区域产业发展提供各种优惠政策为主，包括税收、土地、政府扶持幼稚产业、政府直接投资和吸引外资、外部区域投资等政策；中期以公共性设施建设和提供各种优惠政策并重。第三阶段是关于软环境的建设，如人文教育环境、创新平台和信息平台的建设等[③]。

[①] 赵彦云. 中国产业竞争力研究[M]. 北京：经济科学出版社，2009.
[②] 熊勇清，冯韵雯. 区域产业发展环境的差异性及变动性测量——基于"十一五"时期省域数据的实证[J]. 审计与经济研究，2013（4）：84-93.
[③] 王燕，谢蕊蕊. 区域产业竞争力比较研究[M]. 北京：经济科学出版社，2013：50.

借鉴王燕和谢蕊蕊（2013）的研究思路，本项研究将区域产业的竞争环境划分为硬环境和软环境两大类。硬环境指影响区域产业发展的物质环境或有形环境，包括一切与产业发展相关的自然资源禀赋、基础设施、经济实力状况和生态环境条件等；软环境是区域产业发展的非物质因素，包括知识、技术、政策和文化等。需要说明的是：

（1）本小节主要验证硬环境是否具有趋同性，首先，具有天然"不均衡"特征的自然资源禀赋不在本次考察之列；其次，三个区域经济实力状况在本章第一小节中已有所涉及，而生态环境水平将作为可持续竞争力的一项指标进入产业竞争力的评价，因此本小节的硬环境分析主要针对基础设施水平，如交通、通信等。

（2）很多软环境的影响要素难以量化，本研究选择具有代表性的区域的政策环境、市场环境和创新环境三个主要因素进行研究。政策环境，即区域政府对产业的支持度，用财政投入和区域市场化程度来衡量；而创新环境主要由区域研发强度、专利申请数量来反映。

二、产业竞争的硬环境

区域经济发展的硬环境通常包括交通运输、信息、生态、环保等公共基础设施，以及医疗卫生、教育、社会福利等公共服务系统。而产业发展与公共基础设施的关系更为紧密。因此，本研究的产业竞争硬环境主要考察交通基础设施、通信设施。

1. 交通基础设施环境

交通运输基础设施是区域产业发展的重要支撑和保障。交通运输设施的质量良好与合理配置，一方面能够在一定程度上节约生产、运输和交易费用，降低单位产业产品的成本，从而提高区域产业的竞争力；另一方面可以为区域之间的技术交流创造条件，能够吸引人才、资金向某地区集中，增强其产业实力。

本研究采用地区铁路密度和公路密度来考察西部地区交通基础设施环境，常用指标有两种——人均路网长度（千米/万人）和地均路网长度（千米/平方千米）。本研究首先根据全国31个省级行政区人均铁路长度、地均铁路长度的三分位数，将其划分为高人均铁路长度（1.0千米/万人以上）、中等人均铁路长度（0.59千米/万人～1.0千米/万人）和低人均铁路长度（0.59千米/万人以下）三个区间。由表3.3可以发现，我国人均铁路长度最高的省份在西北部和东北部。西部大多数省份属于高人均铁路长度的地区，但西南地区人均较低，其中，四川、重庆和云南人均铁路长度低于0.59千米/万人，属于低水平的人均铁路长度地区；贵州和广西则属于中等人均铁路长度地区。

从地均铁路里程来看，我国高、中、低三个密度等级分别为0.023 5千米/平方千米以上、0.018 5千米/平方千米～0.023 5千米/平方千米、0.018 5千米/平方千米以下，由表3.3可知，除了陕西、宁夏和重庆三个西部面积较小的省级行政区处于中等密度外，西部其余地区均处于低密度水平。

西部地区人均铁路密度较高而地均铁路密度较低的原因在于，西部地区地广人稀，与东部地区地窄人稠的情况恰恰相反。此外，铁路密度也与区域地理条件和经济发展状况有关，西南地区人均、地均密度相对较低，与其山多、谷深的地貌以及众多贫困地区的现状相关，铁路修建难度大、成本高、经济效益不高等有关；西北地区人均密度高、地均密度低与其幅员广阔、人口稀少直接相关。

表 3.3 中国各省份铁路密度等级分布（2013 年）

人均铁路里程（千米/万人）	省份	地均铁路里程（千米/平方千米）	省份
高 （1 以上）	新疆	高 （0.023 5 以上）	辽宁
	西藏		北京
	青海		天津
	内蒙古		河北
	宁夏		山西
	甘肃		河南
	陕西		山东
	黑龙江		安徽
	吉林		江苏
	辽宁		上海
中 （0.59~1）	山西	中 （0.018 5~0.023 5）	陕西
	贵州		宁夏
	广西		重庆
	湖北		湖北
	湖南		湖南
	江西		浙江
	福建		福建
	北京		广东
	天津		海南
	河北		吉林
低 （0~0.59）	海南	低 （0~0.018 5）	新疆
	四川		西藏
	重庆		青海
	云南		内蒙古
	山东		甘肃
	河南		黑龙江
	江苏		四川
	安徽		云南
	上海		贵州
	浙江		广西
	广东		江西

资料来源：根据《中国统计年鉴 2014》整理。

如果我们考察更具有市场导向的公路网，则全国 31 个省级行政区公路网密度（千米/万人）则更具有俱乐部趋同效应。全国人均公路网密度同样按三分位数划分成高、中、低三个等级,即 41.4 千米/万人以上、26.4 千米/万人~41.4 千米/万人、26.4 千米/万人以下。如表 3.4 所示,除四川省之外,西部其余省级行政单位均属于高人均公路长度地区,而四川人均公路长度为 37.23 千米/万人也非常接近高等级的下限。

全国地均公路密度的高、中、低三个密度等级分别为 1.13 千米/平方千米以上、0.62 千米/平方千米~1.13 千米/平方千米、0.62 千米/平方千米以下,如表 3.4 所示,多数西部省份处于低密度区域,重庆、陕西和贵州则处于高密度水平,四川省公路密度为 0.621 略高于下限值,属于中等水平。事实上,四川的公路总里程已经跻身全国第一方阵,如果考虑到四川公路分布的不均衡,主要集中在平原和盆周,而占全省 2/3 面积的山区公路较少,则四川公路的人均、地均密度与其他地区差异更小。

从表 3.3 和表 3.4 来看,西部地区面积辽阔和人口稀少的特征也反映在交通设施的密度上,两种指标反映的情况也基本吻合;与东部和中部地区相比,西部地区的内部差异较小,具有一定的趋同性。

表 3.4 中国各省份公路密度等级分布(2013 年)

人均公路里程(千米/万人)	省份	地均公路里程(千米/平方千米)	省份
高 (41.36 以上)	新疆	高 (1.13 以上)	重庆
	西藏		湖北
	青海		河南
	内蒙古		安徽
	宁夏		浙江
	甘肃		江苏
	陕西		上海
	重庆		山东
	贵州		北京
	云南		天津
	黑龙江		辽宁
中 (26.37~41.36)	四川	中 (0.62~1.13)	河北
	山西		山西
	河南		陕西

续表

人均公路里程（千米/万人）	省份	地均公路里程（千米/平方千米）	省份
中 （26.37~41.36）	安徽	中 （0.62~1.13）	四川
	湖北		湖南
	湖南		江西
	江西		福建
	福建		广东
	海南		海南
	吉林		贵州
低 （0~26.37）	广西	低 （0~0.62）	新疆
	广东		西藏
	浙江		青海
	江苏		内蒙古
	上海		甘肃
	山东		宁夏
	河北		黑龙江
	北京		吉林
	天津		云南
	辽宁		广西

资料来源：根据《中国统计年鉴2014》整理。

2. 信息基础设施环境

信息基础设施已经成为现代产业发展的必要条件。随着知识经济时代的到来，对信息的获取和传播成为获取知识、技术、赢得市场的关键，同时信息通信条件的改善，也极大地减少了区域产业的交易成本。本研究主要采用人均光缆长度（千米/万人）和地均光缆长度（千米/平方千米）来衡量区域产业发展的信息基础设施水平。

全国31个省级行政区的人均长途光缆长度的高、中、低水平分别为113.2千米/万人、113.2千米/万人~141.3千米/万人、141.3千米/万人以上。西部地区大部分省级行政区都位于中、高人均长途光缆长度的区间，其分布的连续性比东部地区好，如表3.5所示。

地均长途光缆长度的高、中、低水平分别为5.00千米/平方千米以上、2.20千米/平方千米~5.00千米/平方千米、2.20千米/平方千米以下。除重庆、四川和陕西之外，西部地区大部分省级行政区都位于低密度水平，如表3.5所示。

表3.5 中国各省份光缆长度等级分布（2013年）

人均光纤里程（千米/万人）	省份	地均光纤里程（千米/平方千米）	省份
高 （141.3以上）	新疆 西藏 青海 甘肃 山西 重庆 贵州 江苏 上海 浙江 福建	高 （5以上）	北京 天津 山东 河南 安徽 江苏 上海 浙江 福建 广东 重庆
中 （113.2~141.3）	黑龙江 内蒙古 辽宁 湖北 安徽 湖南 四川 云南 海南 陕西	中 （2.2~5）	辽宁 河北 山西 陕西 四川 湖北 湖南 江西 贵州 海南
低 （0~113.2）	吉林 北京 天津 河北 山东 河南 江西 广西 广东 宁夏	低 （0~2.2）	新疆 西藏 青海 甘肃 宁夏 内蒙古 黑龙江 吉林 云南 广西

资料来源：根据《中国统计年鉴2014》整理。

尽管从人均占有量来看，我国西部很多省级行政区都处于信息基础设施高密集的区间，但该情况往往是因为这些地区的面积较大、人口较少，基础设施人均高密度实际上并没有与这些地区的经济发展直接联系起来，即正向因果关系不明显。但是，从表3.5可以发现，与交通设施的情况类似，信息基础设施在我国西部地区也具有较为明显的趋同性。

三、产业竞争的软环境

区域经济发展的软环境通常包括区域的文化环境、政策环境、制度环境和创新环境等。文化环境目前难以定量化，文化具有明显的地域特征是被普遍认同的；制度环境在一个国家内部的差别并不明显（除了中国香港、澳门特别行政区的"一国两制"之外），因此，本书主要分析创新环境和政策环境两大类。

1. 创新环境

在第二章第二节的分析中可以看到，从创新理论到创新体系的构建是区域产业竞争力的重要来源。创新是一个过程，包括知识和技术的投入、转化到创新绩效创新，包括基础源头的创新到开发、应用，包括技术创新和商业模式创新。一旦创新开始（尤其是基础性创新）就具有在区域的各个产业溢出或扩散的趋势。因此，创新可以形成区域产业发展的环境性因素。

本研究从创新资源的角度对区域创新环境的质量进行考察，常用的创新投入指标是区域 R&D 投入强度（R&D 经费与区域 GDP 的比重），创新产出主要是区域专利申请数量。

从世界银行 WDI 数据库的信息来看，1985—2010 年日本平均 R&D 强度为 3.01%，高于美国，位居世界第一。我国 2013 年 R&D 强度在 1.32% 左右，与之差距较大。从我国内部各区域数据的分位数来看,R&D强度在1.1%以上可能被认为是目前国内相对较高R&D投入的地区,0.64%~1.1%处于中等R&D水平,低于0.64%处于R&D较低水平。从表3.6的结果来看,我国低R&D强度的地区基本上位于西部地区,与东部和中部地区均有高R&D强度地区有所不同。仅有重庆、四川、陕西和宁夏4个西部省级行政区进入了中等R&D强度水平,强度分别为1.09%、0.643%、0.874%和0.653%,四川和宁夏则刚进入中等水平。因此,相对于东部和中部地区,西部地区R&D投入强度整体水平较为均匀,处于中低水平。

地区专利情况反映了其技术储备和对创新的激励情况,地区专利申请数量的高、中、低水平分别为16 302件以上、4 282件~16 302件、4 282件以下。表3.7中反映的专利申请情况与R&D强度情况基本一致,我国西部地区大致处于中、低创新产出水平。具有略微变化的两个省份是宁夏和广西,前者创新投入处于中等水平,但创新产出处于低水平状态;后者创新投入处于低水平状态,但创新产出处于中等水平。但总的来说,我国西部地区的创新环境具有分布差异不大,即都处于较低水平。

表3.6 中国各省份R&D强度等级分布(2013年)

R&D强度等级(%)	省份
高 (1.1以上)	辽宁
	天津
	山东
	安徽
	江苏
	上海
	浙江
	福建
	广东
	湖南
	湖北

续表

R&D强度等级（%）	省份
中 （0.64~1.1）	黑龙江
	北京
	河北
	陕西
	山西
	宁夏
	河南
	江西
	四川
	重庆
低 （0~0.64）	新疆
	西藏
	青海
	内蒙古
	甘肃
	吉林
	云南
	贵州
	广西
	海南

资料来源：根据《中国统计年鉴2014》整理。

表3.7 中国各省份专利申请数量等级分布（2013年）

专利申请数量等级（件）	省份
高 （16 302以上）	天津
	北京
	山东
	安徽
	江苏
	上海
	浙江
	福建
	广东
	湖南
	湖北

续表

专利申请数量等级	省份
中 （4 282~16 302）	黑龙江
	辽宁
	河北
	陕西
	山西
	河南
	广西
	四川
	重庆
	江西
低 （0~4 282）	新疆
	西藏
	青海
	内蒙古
	甘肃
	宁夏
	吉林
	云南
	贵州
	海南

资料来源：根据《中国统计年鉴2014》整理。

2. 政策环境

一直以来，产业政策对"产业发展是否具有明显的正向效应"并没有一致的结论。中国经济改革的起点是政府全面参与经济活动的计划经济，在这一体制下，资源的配置效率和使用效率均受到负面影响。在此背景下，改革开放的政策发展一直是围绕"提升市场经济、市场化"这一主题开展的。从东、中、西部地区的发展来看，我国的改革和政策制定一直是"试验——推广——趋同"累积上升的循环发展模式，不管是早期的市场化还是近期的发展自贸区，政策最终会逐渐在全国范围内趋于一致。然而也不能否认，政策在产业发展初期无疑是区域快速发展的一剂"强心针"。

改革开放以来，市场化一直是政府政策制定的主要考虑因素。综合考虑已有的相关研究，本书采用扣除教育支出和国防经费的区域财政支出占地区 GDP 的比重来度量政府对经济活动的参与程度或干预程度，从而间接反映政策因素。因为教育和国防经费的政府支出往往具有中央行政指令性质，严格来说并不属于政府消费范畴，与本地经济活动的关系不大[①]。

从表 3.8 我国财政支出比重的等级分布来看，我国绝大多数西部地区处于高财政支出水平，也就是说，其政府对经济活动的参与程度较高。政府对经济活动的参与程度还可以通过另一种行为结果进行验证，即市场化程度（区域的私营企业的主营业务收入水平占其区域总体水平的比重）。从表 3.9 来看，除重庆和四川市场化程度较高外，西部绝大多数地区处于低市场化程度状态。表 3.8 与表 3.9 的情况基本上可以对应起来，说明相对于东部和中部地区，我国西部政策环境也具有较为明显的整体特征，政府干预程度较高。

综上所述，尽管西部地区产业发展在工业、服务业内部存在一定的分化，但从行业整体发展来看，存在一定的"俱乐部"现象。西部地区的交通基础设施环境、信息基础设施环境、创新与政策环境都具有较为明显的区域内部趋同性。此外，从经济发展阶段来看，我国西部地区处于中低收入阶段，要素驱动和效率驱动的特征仍然较为明显，尚未真正实现创新驱动。在此基础上，本研究以双圆模型为基础，暂时将区域产业竞争环境指标作为外部因素，从规模、资产、效率、市场和可持续性 5 个角度来考察西部地区产业竞争优势具有一定的适用性。

---

① 金煜，陈钊，陆铭. 中国的地区工业集聚：经济地理、新经济地理与经济政策[J]. 经济研究，2006（4）：79-89.

表 3.8 中国各省份财政支出比重等级分布（2013 年）

财政支出比重等级（%）	省份
高 （19.7 以上）	新疆
	西藏
	青海
	甘肃
	宁夏
	黑龙江
	重庆
	贵州
	云南
	海南
中 （16.7～19.7）	吉林
	北京
	山西
	陕西
	四川
	广西
	安徽
	江西
	内蒙古
	上海
低 （0～16.7）	辽宁
	天津
	河北
	山东
	河南
	湖北
	湖南
	浙江
	福建
	广东
	江苏

资料来源：根据《中国统计年鉴 2014》整理。

表 3.9 中国各省份市场化程度等级分布（2013 年）

市场化程度等级（%）	省份
高 （33.8 以上）	四川
	重庆
	湖南
	江西
	浙江
	上海
	安徽
	江苏
	河南
	山东
	辽宁
	广东
	河北
中 （21.8~33.8）	黑龙江
	内蒙古
	吉林
	山西
	青海
	宁夏
	湖北
	广西
	福建
低 （0~21.8）	新疆
	西藏
	甘肃
	陕西
	云南
	贵州
	海南
	天津
	北京

资料来源：根据《中国统计年鉴 2014》整理。

第四章　中国西部地区产业竞争力排名与分析（Ⅰ）：地区内部的比较

本章通过主成分分析法，研究西部 12 个省级行政区内部各个细分产业的竞争力排名情况，即区域的内部比较，以判断西部地区内部行业的资源配置和发展状态。本章采用的研究视角对应第一章第二节"区域产业竞争力"界定中的"区域不同产业视角"。

第一节　数据来源与说明

由于相关指标的测算需要使用各个省（自治区、直辖市）的统计年鉴，考虑到当前数据的统一可获得性，本章的分析数据主要来自于《中国统计年鉴（2014）》、全国 31 个省（自治区、直辖市）的《统计年鉴（2014）》《中国工业统计年鉴（2014）》和《中国第三产业统计年鉴（2014）》中 2013 年的分区域、分行业数据。具体说明如下：

（1）按行业分工业企业的销售收入、出口交货值、固定资本净值、流动资产周转率、资本贡献率、成本利润率、市场占有率等经济指标主要来自于对《中国工业统计年鉴 2014》的整理和计算。

（2）由于《中国工业统计年鉴（2014）》中没有提供工业分行业的总产值、企业单位数、劳动就业人数和单位产值能源消耗量数据，这部分数据主要通过全国 31 个省（自治区、直辖市）的《统计年鉴（2014）》的相关数据进行补充获得，少数省份的统计年鉴缺失上述统计数据，采用全国相关平均值进行缺失处理，数据来自《中国统计年鉴（2014）》。

（3）可持续竞争力指标中产品销售增长率、市场占有率增长率和成本利润增长率，计算范围为2009—2013年的年均增长率，2009年数据来自《中国工业统计年鉴（2010）》；产业单位产值能源消耗指标采用了越小越好的指标标准化处理，公式为：

$$Z_{ij}=(X_{ij}-\max X_{ij})/(\max X_{ij}-\min X_{ij})$$

其中，$i=1,2,3,\cdots$；$j=1,2,3,\cdots$。

（4）服务业相关数据主要来自《中国第三产业统计年鉴（2014）》。由于第三产业的各行业主要业务指标内容上存在不一致性，如交通运输与仓储业以客货周转量为主、住宿与餐饮业以营业额为主、教育业以各类学历教育的学生数量为主，采用各项竞争力指标的测算很难完全按照第二章第三节的指标体系进行。此外，多数细分服务业很难得到的成本、利润水平的数据，从而较难计算其市场获利能力的年均增长率。按照指标体系的基本思想，本章第二节对服务业评价指标体系进行了相应的调整、简化和替代，表现为：规模竞争力指标以"行业从业人员数"替代，资本竞争力指标以服务业的"全社会固定投资额"体现，效率竞争力指标以"区位商"替代，市场竞争力指标以"服务增加值占全国的比重"替代，可持续性竞争力指标以"2009—2013年服务增加值的年均增长率"替代。

（5）《中国第三产业统计年鉴》和各个省（自治区、直辖市）相关统计年鉴在服务业中，"水利、环境和公共设施管理业""教育""卫生、社会保障和社会福利业""文化、体育和娱乐业""公共管理和社会组织""水利、环境和公共设施管理业""居民服务和其他服务业"等生活性服务业中没有"增加值"项，故本章不分析这些行业的相关竞争力。生产性服务业中"科学研究、技术服务和地质勘查业"的独特行业特征，使其只统计了R&D经费支出，故本研究用"R&D经费支出"替代"增加值"项，而"信息传输、计算机服务和软件业""租赁和商务服务业"则分别用"业务总量""总产出"进行替代。

第二节　西部各省内部产业竞争力排名与分析

一、西部各省内部工业竞争力排名与分析

1. 内蒙古自治区

内蒙古自治区在政策上属于西部地区范畴，在地理上横跨了东北、华北、西北三大区，并与蒙古、俄罗斯接壤。区内草场、森林资源丰富，是天然的畜牧业基地；稀土、有色金属、煤炭、天然气等矿产资源储量位于全国前列。因此，内蒙古工业的重工业化程度较高，对自然资源依赖性较强。从表4.1可知，内蒙古自治区的产业竞争力评价具有如下表现：

（1）"煤炭开采和洗选业""有色金属矿采选业"和"有色金属冶炼和压延加工业"分别居于产业综合竞争力的第一位、第五位和第七位。从有色金属行业来看，上游采选业的竞争力略高于下游附加值较高的加工业。相对于综合竞争力，三个行业资本竞争力排名较为靠后，体现了其资本贡献较低、粗放式发展的特征。

（2）"电力、热力生产和供应业"的综合竞争力居于第三位，该行业的规模和效率竞争力都较高。内蒙古是我国可利用风能总功率最高的地区，风能属于清洁能源，具有可持续性，但是目前相关能源的资本竞争力不高，同时产能过剩问题也使得行业市场扩展和获利增长能力受到限制，因此可竞争力相对较低。

（3）"农副食品加工业""非金属矿物制品业"和"黑色金属冶炼和压延加工业"的综合竞争力在区内分别居于第二位、第六位和第十位，这三个行业的竞争力主要体现在规模优势上；"木材加工和木、竹、藤、棕、草制品业"的综合竞争力居于第八位，资本竞争力和市场竞争力较为突出。

（4）"石油和天然气开采业"的综合竞争力居于第四位，该行业在资本投入、生产效率和市场发展方面表现出一定的竞争优势。

此外，一些与此相关的资源型行业，"黑色金属矿采选业""非金属矿采选业"和"石油加工、炼焦和核燃料加工业"在区内的排名也较为靠前；一些技术水平相对较高的行业，如"医药制造业"和"装备制造业"，近年来体现出较快增长，可持续竞争力在区内排名靠前，但行业竞争力的整体排名仍靠后，综合竞争优势尚不明显。

表4.1 内蒙古自治区工业竞争力排名（2013年）

产业	综合竞争力	规模竞争力	资本竞争力	效率竞争力	市场竞争力	可持续性竞争力
煤炭开采和洗选业	1	1	35	1	1	21
石油和天然气开采业	4	8	3	2	3	7
黑色金属矿采选业	13	10	18	5	7	13
有色金属矿采选业	5	11	11	3	2	10
非金属矿采选业	11	16	12	8	13	32
农副食品加工业	2	2	6	11	15	9
食品制造业	15	9	25	9	18	19
酒、饮料和精制茶制造业	20	15	15	17	14	16
烟草制品业	12	31	7	16	5	4
纺织业	29	14	14	19	28	14
纺织服装、服饰业	34	24	22	31	34	31

续表

产业	综合竞争力	规模竞争力	资本竞争力	效率竞争力	市场竞争力	可持续性竞争力
皮革、毛皮、羽毛及其制品和制鞋业	32	30	5	33	30	22
木材加工和木、竹、藤、棕、草制品业	8	17	9	15	9	17
家具制造业	33	33	4	35	21	29
造纸和纸制品业	25	27	10	24	16	27
印刷和记录媒介复制业	27	29	8	32	12	30
文教、工美、体育和娱乐用品制造业	21	32	1	30	8	12
石油加工、炼焦和核燃料加工业	14	13	29	14	26	24
化学原料和化学制品制造业	9	4	24	12	17	3
医药制造业	22	18	16	22	24	6
化学纤维制造业	31	35	30	34	33	33
橡胶和塑料制品业	26	22	13	27	20	20
非金属矿物制品业	6	6	26	18	19	25
黑色金属冶炼和压延加工业	10	3	34	13	29	18
有色金属冶炼和压延加工业	7	7	21	6	10	15
金属制品业	30	12	28	20	31	26
通用设备制造业	18	20	17	29	27	8
专用设备制造业	19	21	19	28	25	5
交通设备制造业	35	23	31	26	35	28
电气机械和器材制造业	23	19	20	21	23	11
计算机、通信和其他电子设备制造业	28	28	27	25	22	23
仪器仪表制造业	17	34	2	23	32	34
电力、热力生产和供应业	3	5	33	7	11	35
燃气生产和供应业	16	25	23	4	4	2
水的生产和供应业	24	26	32	10	6	1

资料来源：根据《内蒙古统计年鉴2010》《内蒙古统计年鉴2014》和《中国工业统计年鉴2014》整理。

2. 广西壮族自治区

广西是我国少数民族较为集中的自治区，区内农业、矿藏、旅游等资源较为丰富，工业竞争力主要集中在依托资源的上、下游相关行业中。相关年鉴缺少"石油和天然气开采业"和"化学纤维制造业"的数据，两个行业不计入本次评价。从表 4.2 可知，广西壮族自治区内部各产业的综合竞争力具有如下特点：

（1）"石油加工、炼焦和核燃料加工业"是广西综合竞争力排名第一的行业，该行业的综合竞争力得益于其较强的资本竞争力、效率竞争力和可持续竞争力，如年鉴数据显示，该行业 2013 年总产值 872.27 亿元，就业人数仅 0.51 万人，体现产业效率的劳动生产率远高于其他行业。这也可能得益于中石油在钦州千万吨炼油厂投产，从而填补了西南地区没有大型炼油厂的空白。

（2）"电力、热力生产和供应业"的综合竞争力排名居第二位，该行业的规模在自治区内比较靠前，同时具有较大的市场和可持续竞争优势。随着龙滩水电站投产，该电站成为全国运营的第二大水电站。此外，西部地区首座建设的核电站——防城港红沙核电——也于 2008 年开工。

（3）"非金属矿物制品业""木材加工和木、竹、藤、棕、草制品业"和"农副食品加工业"属于广西的传统优势行业，综合竞争力分别居于第三位、第四位和第五位。除效率竞争力外，"木材加工和木、竹、藤、棕、草制品业"各细分竞争力在自治区内均排位靠前，属于粗放式发展；而"非金属矿物制品业""农副食品加工业"（如制糖业）主要依靠规模，其他细分竞争力则相对较弱。

（4）"黑色金属冶炼和压延加工业""有色金属矿采选业""有色金属冶炼和压延加工业"的综合竞争力在广西的排名也较为靠前，分别居于第六位、第八位和第十位。广西是我国有色金属的重要产区之一，锰、铝、锡、铁等矿产储量位于全国前列，其中"有色金属矿采选业"的优势主要体现在资本方面，而"黑色金属冶炼和压延加工业"和"有色金属冶炼和压延加工业"多在规模、市场方面具有一定竞争力，上述行业的可持续竞争力都相对较弱。

（5）"交通运输设备制造业"和"化学原料和化学制品制造业"综合竞争力排名居于第七位和第九位，属于资本密集型中高技术水平行业。两个行业的规模竞争力排名较高，以规模优势为主体，其他细分竞争力还有待提高。

此外，近年来广西承接了广东等沿海发达地区的产业转移，"计算机通信和其他电子设备制造业"的综合竞争力与各细分竞争力有了较大提高；"纺织服装、服饰业"和"皮革、毛皮、羽毛及其制品和制鞋业"尽管综合竞争力处于中下水平，但近年来在资本和效率方面的表现却较为突出。

表4.2　广西壮族自治区工业竞争力排名（2013年）

产业	综合竞争力	规模竞争力	资本竞争力	效率竞争力	市场竞争力	可持续性竞争力
煤炭开采和洗选业	33	30	30	28	15	3
石油和天然气开采业	—	—	—	—	—	—
黑色金属矿采选业	24	27	14	10	22	16
有色金属矿采选业	8	19	5	26	13	21
非金属矿采选业	15	24	3	14	16	27
农副食品加工业	5	2	26	21	11	15
食品制造业	19	16	17	15	19	17
酒、饮料和精制茶制造业	16	13	9	17	30	19
烟草制品业	32	31	1	16	33	26
纺织业	21	15	20	11	24	29
纺织服装、服饰业	20	26	10	2	25	33

续表

产业	综合竞争力	规模竞争力	资本竞争力	效率竞争力	市场竞争力	可持续性竞争力
皮革、毛皮、羽毛及其制品和制鞋业	12	23	7	4	4	28
木材加工和木、竹、藤、棕、草制品业	4	7	12	29	3	14
家具制造业	27	29	8	7	23	30
造纸和纸制品业	17	11	29	31	8	22
印刷和记录媒介复制业	28	28	11	18	29	18
文教、工美、体育和娱乐用品制造业	13	22	4	3	12	7
石油加工、炼焦和核燃料加工业	1	21	2	1	1	9
化学原料和化学制品制造业	9	6	23	20	20	25
医药制造业	22	14	15	24	32	23
化学纤维制造业	—	—	—	—	—	—
橡胶和塑料制品业	26	17	21	13	21	13
非金属矿物制品业	3	1	6	25	18	31
黑色金属冶炼和压延加工业	6	5	24	9	7	32
有色金属冶炼和压延加工业	10	8	31	27	6	12
金属制品业	23	20	19	12	17	6
通用设备制造业	29	18	27	19	27	20
专用设备制造业	25	12	28	23	14	10
交通设备制造业	7	3	22	22	9	24
电气机械和器材制造业	18	10	13	5	28	8
计算机、通信和其他电子设备制造业	11	9	16	6	10	5
仪器仪表制造业	30	32	18	8	31	11
电力、热力生产和供应业	2	4	33	32	2	2
燃气生产和供应业	31	33	25	30	26	4
水的生产和供应业	14	25	32	33	5	1

资料来源：根据《广西统计年鉴2010》《广西统计年鉴2014》和《中国工业统计年鉴2014》整理。

3. 重庆市

重庆是西部唯一的直辖市，是长江上游地区重要的经济中心之一，工业基础较好，具有交通运输设备、材料、化工、食品加工、制鞋、五金等传统优势产业，近年来又在以信息产业为主导的战略性新兴行业中取得了一定突破。从表4.3可知，其工业竞争力主要表现如下：

（1）"交通运输设备制造业""通用设备制造业"一直是重庆市的传统优势产业，综合竞争力排名分居第一位和第九位。但是从细分竞争力来看，作为典型的资本密集型行业，两者在重庆市内的资本竞争力并不明显，行业存在升级和高端化的压力。

（2）"计算机、通信和其他电子设备制造业""电气机械和器材制造业"的综合竞争力分别居于第三位和第八位。近年来，重庆市建成了内地最大笔记本电脑生产基地，"计算机、通信和其他电子设备制造业"在重庆市内具有明显的市场和可持续竞争力；随着打造风电装备及系统和光源设备重点产业集群，"电气机械和器材制造业"的规模和效率优势也较为明显。

（3）"农副食品加工业"和"皮革、毛皮、羽毛及其制品和制鞋业"的综合竞争力分别居于第四位和第六位。对应于重庆的传统优势产业——农产品深加工和轻纺制鞋行业，两个行业的市场获利能力及其可持续性较弱，品牌效应不强。令人意外的是，"烟草制品业"在市内综合排名中居于第二位。数据显示，该行业2013年就业人数仅0.42万人，但产值和资产总额都较高，资本和效率方面的突出优势是其综合竞争力排名靠前的重要原因。

（4）"有色金属冶炼和压延加工业""非金属矿物制品业""化学原料和化学制品制造业"的综合竞争力分别居于第七位、第五位、第十位。三个行业目前仍主要依托规模方面的竞争优势。

此外，未来极力打造的医药制造业目前综合竞争力居于中上水平，在资本、效率等方面仍需要进一步提高。未来重庆市的工业竞争力的提升，需要战略性新兴产业与传统产业并重，共同发展。

表4.3 重庆市工业竞争力排名（2013年）

产业	综合竞争力	规模竞争力	资本竞争力	效率竞争力	市场竞争力	可持续性竞争力
煤炭开采和洗选业	12	4	35	33	19	34
石油和天然气开采业	30	34	33	26	33	16
黑色金属矿采选业	34	32	23	25	30	7
有色金属矿采选业	33	35	14	11	34	6
非金属矿采选业	17	23	8	22	6	18
农副食品加工业	4	5	5	5	21	25
食品制造业	19	17	13	16	24	12
酒、饮料和精制茶制造业	22	21	17	18	26	20
烟草制品业	2	24	1	3	7	13
纺织业	11	16	4	4	16	27
纺织服装、服饰业	20	22	7	6	27	17
皮革、毛皮、羽毛及其制品和制鞋业	6	19	2	2	14	10
木材加工和木、竹、藤、棕、草制品业	29	27	11	21	29	15
家具制造业	28	25	16	14	18	14
造纸和纸制品业	24	18	20	29	15	19
印刷和记录媒介复制业	26	30	15	32	5	30
文教、工美、体育和娱乐用品制造业	13	28	6	19	28	3
石油加工、炼焦和核燃料加工业	32	31	10	23	32	33
化学原料和化学制品制造业	10	6	3	24	22	32
医药制造业	14	13	26	30	10	21
化学纤维制造业	25	33	9	12	31	2

续表

产业	综合竞争力	规模竞争力	资本竞争力	效率竞争力	市场竞争力	可持续性竞争力
橡胶和塑料制品业	15	11	12	10	8	11
非金属矿物制品业	7	3	32	28	9	28
黑色金属冶炼和压延加工业	27	9	31	15	23	31
有色金属冶炼和压延加工业	5	14	28	13	13	9
金属制品业	16	10	21	20	17	22
通用设备制造业	9	8	27	9	11	26
专用设备制造业	18	12	18	17	25	4
交通设备制造业	1	1	25	1	3	8
电气机械和器材制造业	8	7	22	7	20	24
计算机、通信和其他电子设备制造业	3	2	30	8	2	5
仪器仪表制造业	23	20	24	27	4	29
电力、热力生产和供应业	35	15	34	35	35	35
燃气生产和供应业	21	26	19	31	1	1
水的生产和供应业	31	29	29	34	12	23

资料来源：根据《重庆统计年鉴2010》《重庆统计年鉴2014》和《中国工业统计年鉴2014》整理。

4. 四川省

四川省是我国重要的人口、经济大省和科技、文化强省。四川省经济总量位居西部第一，自然资源丰富，科技和教育资源较为集中，具有明显的人才集聚优势。在工业上，已初步形成高新技术产业、优势资源产业、装备制造业、食品饮料业等四大类优势产业。从表 4.4 可知，其工业竞争力主要表现如下：

（1）"酒、饮料和精制茶制造业""农副食品加工业"的综合竞争力分列第一位和第三位，属于四川省的传统优势产业。前者在国内具有一定的品牌和质量优势（尤其白酒产业），市场竞争力较高；后者在规模、资本和效率方面占据优势。"烟草制品业"的综合竞争力在省内位列第六，主要表现为资本和市场方面的竞争优势。

（2）"非金属矿物制品业""黑色金属冶炼和压延加工业"的综合竞争力分别居于第二位、第九位。这些行业在规模竞争力方面在省内仍占据明显的优势，但在资本、效率和市场竞争力方面与之都具有明显的差距。目前，钢铁、平板玻璃、水泥、煤炭等行业化解过剩产能已取得了较好的成效，部分行业如平板玻璃等已经出现回暖迹象。

（3）"电力、热力生产和供应业""化学原料和化学制品制造业"的综合竞争力分别居于第四位和第六位。前者主要依赖四川丰富的水电和天然气资源，可持续性竞争力也具备相对优势；后者主要依托大型油气化工项目，主要依托规模优势，其他细分竞争力还有待加强。

（4）"计算机、通信和其他电子设备制造业""交通设备制造业""通用设备制造业"的综合竞争力分别居于第五位、第七位、第十位。在"计算机、通信和其他电子设备制造业"方面，四川已形成富士康、仁宝、纬创、长虹、英特尔、中芯国际、成芯、迈普、大唐等一批优秀企业；目前，四川本土企业的资本、技术水平和可持续增长仍有待加强。

值得注意的是，"医药制造业"是四川省七大优势产业和七大战略性新兴产业之一，虽然目前规模较小，但在市场的可持续发展方面具有一定优势，综合排名居于第十一位。随着《四川省加快医药创新产业发展的实施意见》(川办发〔2015〕20号）的出台，文件规划"到2020年形成50个国家级各类创新平台、100个省级各类创新平台"，"全省中药材种植面积达400万亩，建成中药材生产质量管理规范（GAP）基地50个"，可以预计未来医药制造业在资本和技术两方面将具有较大的提升空间。

表4.4 四川省工业竞争力排名（2013年）

产业	综合竞争力	规模竞争力	资本竞争力	效率竞争力	市场竞争力	可持续性竞争力
煤炭开采和洗选业	14	7	25	35	24	10
石油和天然气开采业	34	30	15	34	31	33
黑色金属矿采选业	17	24	28	25	7	29
有色金属矿采选业	18	26	21	30	8	31
非金属矿采选业	12	22	9	31	5	19
农副食品加工业	3	2	3	26	17	14
食品制造业	13	17	7	19	11	27
酒、饮料和精制茶制造业	1	5	17	6	3	12
烟草制品业	6	35	1	14	4	24
纺织业	22	15	5	8	25	25
纺织服装、服饰业	28	28	6	5	27	11
皮革、毛皮、羽毛及其制品和制鞋业	25	21	8	2	9	26
木材加工和木、竹、藤、棕、草制品业	26	23	20	13	20	28
家具制造业	16	18	12	29	13	17
造纸和纸制品业	23	19	11	32	19	4
印刷和记录媒介复制业	19	25	14	33	10	32
文教、工美、体育和娱乐用品制造业	31	34	2	1	28	3
石油加工、炼焦和核燃料加工业	33	27	13	3	34	6
化学原料和化学制品制造业	8	4	22	22	21	22
医药制造业	11	14	27	28	6	16
化学纤维制造业	27	31	29	16	18	7
橡胶和塑料制品业	21	16	10	9	23	18
非金属矿物制品业	2	1	16	21	16	5

续表

产业	综合竞争力	规模竞争力	资本竞争力	效率竞争力	市场竞争力	可持续性竞争力
黑色金属冶炼和压延加工业	9	6	26	23	33	2
有色金属冶炼和压延加工业	29	20	24	4	30	8
金属制品业	20	13	23	12	22	30
通用设备制造业	10	8	31	15	15	21
专用设备制造业	15	11	32	20	14	13
交通设备制造业	7	9	18	18	12	15
电气机械和器材制造业	24	12	30	10	29	23
计算机、通信和其他电子设备制造业	5	3	19	27	1	20
仪器仪表制造业	32	33	34	7	26	9
电力、热力生产和供应业	4	10	4	17	2	1
燃气生产和供应业	30	29	33	24	32	34
水的生产和供应业	35	32	35	11	35	35

资料来源：根据《四川统计年鉴2010》《四川统计年鉴2014》和《中国工业统计年鉴2014》整理。

5. 贵州省

贵州省是西部地区少数三次产业呈现"三二一"格局的省份，但其工业发展水平并不高，资源密集型产业比重较大，加工业和技术密集型产业的比重相对较小。由于年鉴中没有"石油和天然气开采业"和"化学纤维制造业"的相关数据，这两个行业并没有参加本次评价分析。结果如表4.5所示，主要表现如下：

（1）"煤炭开采和洗选业"的综合竞争力位居第一位。贵州被誉为"西南煤海"，煤炭资源储量在全国前列。"煤炭开采和洗选业"是贵州的重要支柱行业，但目前其资本和效率竞争力相对较弱，行业呈粗放式发展；可持续竞争力较低，未来发展面临生态环境和市场竞争的压力。

（2）"烟草制品业"和"酒、饮料和精制茶制造业"分别排在综合竞争力的第二位和第三位。"烟草制品业"尽管规模竞争力在省内处于中上水平，但资本、效率和市场竞争力都相对较高。"酒、饮料和精制茶制造业"是贵州的传统优势产业，目前在规模和市场盈利能力方面具有一定优势，在资本、效率和可持续发展方面还有待提高。

（3）"电力、热力生产和供应业""化学原料和化学制品制造业"两个行业分别排在第四位和第五位。贵州省内河流众多，煤炭丰富，具有发展水电和火电的优势。"化学原料和化学制品制造业"主要是煤化工业，目前资本化水平较低。两个行业在省内规模较大，但同时都面临环境和市场可持续性发展的压力。

（4）"非金属矿采选业""有色金属矿采选业""有色金属冶炼和压延加工业"和"黑色金属冶炼和压延加工业"的综合竞争力分别居于第六、第八、第七和第九位。四类依托资源的行业主要依靠规模竞争优势，非金属矿采选业的效率、市场和可持续性竞争力在省内具有一定优势。

此外，贵州省工业内部的技术密集型行业中，"医药制品业"的综合竞争力居于第十位，但各类装备制造行业的竞争力均不高。值得注意的是，2014年贵州省委、省政府提出打造大数据产业，贵州大数据产业发展已经上升为国家战略，贵州拥有首个国家级"贵阳·贵安大数据产业集聚发展示范区"，因此未来与之相关的行业竞争力发展值得关注。

表 4.5 贵州省工业竞争力排名（2013 年）

产业	综合竞争力	规模竞争力	资本竞争力	效率竞争力	市场竞争力	可持续性竞争力
煤炭开采和洗选业	1	1	19	3	3	25
石油和天然气开采业	—	—	—	—	—	—
黑色金属矿采选业	19	24	5	20	10	6
有色金属矿采选业	8	11	12	2	6	7
非金属矿采选业	17	18	6	31	5	15
农副食品加工业	27	8	7	8	26	14
食品制造业	12	16	10	12	13	19
酒、饮料和精制茶制造业	2	4	11	6	1	16
烟草制品业	3	10	1	4	2	21
纺织业	30	30	29	25	30	13
纺织服装、服饰业	14	28	14	23	21	2
皮革、毛皮、羽毛及其制品和制鞋业	15	26	4	13	31	8
木材加工和木、竹、藤、棕、草制品业	13	12	3	30	20	32
家具制造业	26	29	8	29	22	22
造纸和纸制品业	31	22	22	5	33	24
印刷和记录媒介复制业	16	27	21	19	14	17
文教、工美、体育和娱乐用品制造业	24	32	26	26	11	1
石油加工、炼焦和核燃料加工业	32	21	18	33	28	30
化学原料和化学制品制造业	5	5	20	21	7	27
医药制造业	11	9	25	17	8	18
化学纤维制造业	—	—	—	—	—	—
橡胶和塑料制品业	10	13	23	32	4	5
非金属矿物制品业	6	3	13	16	12	3
黑色金属冶炼和压延加工业	9	6	15	14	24	28

续表

产业	综合竞争力	规模竞争力	资本竞争力	效率竞争力	市场竞争力	可持续性竞争力
有色金属冶炼和压延加工业	7	7	17	7	16	10
金属制品业	18	14	27	27	15	12
通用设备制造业	25	19	30	22	23	31
专用设备制造业	20	20	33	9	17	4
交通设备制造业	21	17	16	11	32	9
电气机械和器材制造业	28	15	28	15	25	23
计算机、通信和其他电子设备制造业	29	23	9	24	29	29
仪器仪表制造业	22	33	32	10	18	11
电力、热力生产和供应业	4	2	2	28	9	20
燃气生产和供应业	23	25	24	18	27	26
水的生产和供应业	33	31	31	1	19	33

资料来源：根据《贵州统计年鉴2010》《贵州统计年鉴2014》和《中国工业统计年鉴2014》整理。

6. 云南省

云南省位于中国西南边疆地区，少数民族人口总量仅次于广西，位居全国第二。在工业方面，云南省尚处于工业化中期阶段，落后于全国平均水平，工业发展相对滞后。由于《云南统计年鉴2014》和《中国工业统计年鉴2014》都没有提供云南省"石油和天然气开采业"的数据，因此该行业没有列入本次竞争力评价。云南省的工业竞争力如表4.6所示，主要表现如下：

（1）"有色金属冶炼和压延加工业""黑色金属冶炼和压延加工业"的综合竞争力分别排在第一位、第四位。云南省有色金属矿如铜、铅、锌、锡等储量丰富，还拥有比较丰富的铁、锰等矿产资源，但其市场竞争力仍有待提高。此外，这两个行业属于高消耗、高排放行业，目前环境保护问题突出[①]，可持续竞争力相对较弱。

（2）"烟草制品业""农副食品加工业"分别居于产业综合竞争力排名的第二位、第七位。云南有着发展烟草的地理、气候、资源等得天独厚的自然条件，烟草制品业一直是云南的传统优势产业，目前其可持续性竞争力与其地位不相匹配。

（3）"电力、热力生产和供应业""煤炭开采和洗选业""非金属矿物制品业"的产业综合竞争力分别居于第三位、第五位和第九位。云南能源资源富集，主要是水能和煤炭资源。与其他细分竞争力相比，后两个行业都在效率、市场竞争力方面相对较弱；"电力、热力生产和供应业"则在市场竞争力和市场的可持续性竞争力方面较弱。

（4）"化学原料和化学制品制造业"的产业综合竞争力排在第六位。化学工业已成为云南工业经济的支柱产业之一，基本形成了以磷化工为重点，以煤化工、盐化工、生物化工为发展方向的产业格局，但是除了规模竞争力之外，"化学原料和化学制品制造业"的其他后续竞争力还有待提高。随着中缅油气管道的开通，云南天然气化工的发展潜力值得关注。

（5）"医药制造业"的产业综合竞争力排在第八位。云南独特的地理和自然环境孕育了丰富的药材资源，造就了一批国内外知名企业。但其产值低于四川、贵州、重庆、广西等，随着多个省份将"医药制造业"作为战略性新兴产业之一，未来该行业面临的竞争更为激烈，因此通过资本和技术的提升，促进可持续竞争力的发展可能成为重要任务。

此外，值得注意的是，尽管目前"文教、工美、体育和娱乐用品制造业"与"石油加工、炼焦和核燃料加工业"两个行业的工业竞争

[①] 李哲. 云南省优势产业竞争力比较及金融危机背景下的对策研究[D]. 昆明：云南大学，2010.

力排名在省内处于中等水平,但前者在资本积累、效率和市场获利方面排名靠前,后者在可持续性竞争力方面比较靠前,体现出较好的成长性。

表4.6 云南省工业竞争力排名(2013年)

产业	综合竞争力	规模竞争力	资本竞争力	效率竞争力	市场竞争力	可持续性竞争力
煤炭开采和洗选业	5	4	6	22	11	4
石油和天然气开采业	—	—	—	—	—	—
黑色金属矿采选业	16	13	24	27	12	16
有色金属矿采选业	10	9	22	32	7	27
非金属矿采选业	25	20	21	24	6	28
农副食品加工业	7	7	12	10	29	19
食品制造业	15	12	8	8	24	17
酒、饮料和精制茶制造业	17	10	15	25	10	9
烟草制品业	2	2	2	34	1	24
纺织业	32	27	31	26	34	26
纺织服装、服饰业	28	31	32	29	31	2
皮革、毛皮、羽毛及其制品和制鞋业	30	17	13	9	33	14
木材加工和木、竹、藤、棕、草制品业	20	22	18	18	20	8
家具制造业	34	34	34	30	28	3
造纸和纸制品业	26	24	25	28	16	25
印刷和记录媒介复制业	22	25	16	31	5	32
文教、工美、体育和娱乐用品制造业	13	26	3	3	9	13
石油加工、炼焦和核燃料加工业	11	14	19	7	17	5
化学原料和化学制品制造业	6	5	10	11	23	21

续表

产业	综合竞争力	规模竞争力	资本竞争力	效率竞争力	市场竞争力	可持续性竞争力
医药制造业	8	11	20	16	8	15
化学纤维制造业	12	33	4	2	3	12
橡胶和塑料制品业	14	15	14	4	22	22
非金属矿物制品业	9	8	11	21	15	6
黑色金属冶炼和压延加工业	4	3	5	5	14	11
有色金属冶炼和压延加工业	1	1	7	12	13	18
金属制品业	29	23	26	13	27	31
通用设备制造业	24	21	28	14	30	30
专用设备制造业	21	19	23	17	26	10
交通设备制造业	18	16	17	6	18	20
电气机械和器材制造业	23	18	27	15	25	7
计算机、通信和其他电子设备制造业	27	28	30	23	19	23
仪器仪表制造业	31	30	33	19	32	29
电力、热力生产和供应业	3	6	1	1	21	34
燃气生产和供应业	19	32	9	33	2	1
水的生产和供应业	33	29	29	20	4	33

资料来源：根据《云南统计年鉴2010》《云南统计年鉴2014》和《中国工业统计年鉴2014》整理。

7. 西藏自治区

西藏自治区是我国重要的国防重地和生态重地，其三次产业产值结构自 2003 年起演化成具有发达经济体标识的"三二一"结构。但实际上，西藏的经济水平仍比较落后，过去以农牧业为主，第三产业（尤其是旅游业）近年来才发展迅速。在工业化方面，西藏的起步较晚，具备的工业门类较少，主要依托自有资源的特色产业。从表 4.7

可知，工业竞争力主要表现如下：

（1）"电力、热力生产和供应业"的综合竞争力排在第一位，以水电为主，该行业的资本、效率和市场竞争力在区内较强，但可持续性竞争力相对较弱。目前，雅鲁藏布江和藏东南"三江"流域等水电资源梯级开发规划还处于前期项目工作阶段。

（2）"非金属矿物制品业""化学原料和化学制品制造业"的综合竞争力排名分别为第二位和第四位。"非金属矿物制品业"主要是拉萨、山南、日喀则、昌都水泥工业，目前其效率、市场和可持续性竞争力还有待提升。"化学原料和化学制品制造业"则在区内体现出较好的市场和可持续性竞争力。

（3）"有色金属矿采选业"的综合竞争力排在第三位。西藏矿产资源丰富，已发现101种，查明储量的41种，已开发的仅22种，目前主要是藏东"三江"流域的铜、铅、锌等，藏西地区锂、硼、镁、钾等有色金属产业基地，目前该行业资本竞争力还有待加强，其他细分竞争力在区内均排名靠前。

（4）"酒、饮料和精制茶制造业""农副食品加工业"是西藏的特色产业，综合竞争力分别居于第五位和第八位。行业主要针对以特色农畜产品为主的深加工，以及以青稞、荞麦、虫草、红景天等本地资源为原料的高原特色绿色食品、饮品和保健品，近年来乳制品、矿泉水等行业的发展也较为迅速。

（5）"文教、工美、体育和娱乐用品制造业""医药制造业"的综合竞争力分别居于第六位、第七位。前者体现较高的资本和可持续性竞争力；后者体现西藏特色的高原生物医药资源，但目前可持续性竞争力相对稍弱，需改进研发及技术，繁育药材基地，培育名牌和营销网络，提升其市场的成长性。

鉴于西藏的经济基础、产业发展现状以及战略和生态地位，有学者认为，大规模综合发展的传统工业化思路对西藏是不合适的，大力发展特色经济、特色产业才是实现西藏人口、资源、环境可持续发展的可行途径[①]。

表4.7 西藏自治区工业竞争力排名（2013年）

产业	综合竞争力	规模竞争力	资本竞争力	效率竞争力	市场竞争力	可持续性竞争力
煤炭开采和洗选业	—	—	—	—	—	—
石油和天然气开采业	—	—	—	—	—	—
黑色金属矿采选业	9	7	16	13	16	18
有色金属矿采选业	3	2	12	5	4	11
非金属矿采选业	15	18	6	15	10	17
农副食品加工业	8	6	11	14	13	3
食品制造业	13	8	13	16	8	15
酒、饮料和精制茶制造业	5	5	7	4	5	7
烟草制品业	—	—	—	—	—	—
纺织业	16	13	15	6	14	16
纺织服装、服饰业	—	—	—	—	—	—
皮革、毛皮、羽毛及其制品和制鞋业	—	—	—	—	—	—
木材加工和木、竹、藤、棕、草制品业	14	10	14	18	9	14
家具制造业	—	—	—	—	—	—
造纸和纸制品业	11	15	9	12	11	8
印刷和记录媒介复制业	12	9	8	11	12	13
文教、工美、体育和娱乐用品制造业	7	11	10	10	19	5
石油加工、炼焦和核燃料加工业	—	—	—	—	—	—

---

① 刘天平. 西藏特色产业发展战略研究[D]. 成都：西南财经大学，2007.

续表

产业	综合竞争力	规模竞争力	资本竞争力	效率竞争力	市场竞争力	可持续性竞争力
化学原料和化学制品制造业	4	12	5	17	3	1
医药制造业	6	4	4	7	6	10
化学纤维制造业	—	—	—	—	—	—
橡胶和塑料制品业	—	—	—	—	—	—
非金属矿物制品业	2	1	1	8	7	12
黑色金属冶炼和压延加工业	10	17	3	3	15	9
有色金属冶炼和压延加工业	—	—	—	—	—	—
金属制品业	19	16	19	19	18	6
通用设备制造业	—	—	—	—	—	—
专用设备制造业	—	—	—	—	—	—
交通设备制造业	—	—	—	—	—	—
电气机械和器材制造业	17	19	18	2	17	4
计算机、通信和其他电子设备制造业	—	—	—	—	—	—
仪器仪表制造业	—	—	—	—	—	—
电力、热力生产和供应业	1	3	2	1	2	19
燃气生产和供应业	—	—	—	—	—	—
水的生产和供应业	18	14	17	9	1	2

资料来源：根据《西藏统计年鉴2010》《西藏统计年鉴2014》和《中国工业统计年鉴2014》整理。

8. 陕西省

与四川省、重庆市一样，陕西省也是西部的经济、科技和文化大省，具有一定的资源和人才优势。陕西工业体系较为完整，已经形成能源化工、装备制造、有色冶金、食品加工等优势产业；近年来，更依托科技优势培育壮大航空航天、新材料、新能源、新一代信息技术、生物技术、节能环保等战略性新兴产业。从表4.8可知，陕西的工业竞争力主要表现如下：

（1）"石油和天然气开采业"与"煤炭开采和洗选业"的综合竞争力分别居于第一位、第二位。这两个行业是陕西的传统优势行业，主要分布在陕北和渭北地区。两个行业的可持续竞争力排名相对较低，面临油气的后续开拓和有序接替问题，以及环境污染的治理问题。

（2）"石油加工、炼焦和核燃料加工""电力、热力生产和供应业"以及"化学原料和化学制品制造业"的综合竞争力排名分别为第五位、第六位和第八位，属于上述两个行业的下游行业。其中，陕西的电力以煤电为主，面临生态环境的压力，可持续竞争力不高。

（3）"非金属矿物制品业""农副食品加工业"的综合竞争力排名分别为第三位和第四位。前者以水泥、陶瓷、玻璃等为主，后者以果蔬、乳制品、肉制品加工为主。两个行业的共同特征是规模竞争力在省内占据非常重要的位置，但是目前市场竞争力较弱，面临传统产业的升级改造问题。

（4）"有色金属冶炼和压延加工业""交通设备制造业""电气机械和器材制造业"的综合竞争力排名分别为第七位、第九位和第十位。"交通设备制造业"主要有轨道交通装备、汽车零部件、化工装备、工程机械装备等。上述行业在市场竞争力方面仍存在进一步提升的空间。

此外，陕西省的"专用设备制造业""通用设备制造业"排名相对靠前，但市场竞争力有待提高；"医药制造业"排名也较为靠前，近年来其产业成长性较好，可持续性竞争力较为突出；被选定为战略性新兴行业之一的"新一代信息技术"代表行业——"计算机、通信和其他电子设备制造业"，尽管近年来可持续性竞争力较高，但是综合竞争力在省内仍处于中等水平。

表 4.8 陕西省工业竞争力排名（2013 年）

产业	综合竞争力	规模竞争力	资本竞争力	效率竞争力	市场竞争力	可持续性竞争力
煤炭开采和洗选业	2	1	9	7	3	34
石油和天然气开采业	1	3	2	2	1	13
黑色金属矿采选业	23	24	24	18	24	24
有色金属矿采选业	27	21	30	21	6	21
非金属矿采选业	25	25	20	20	18	9
农副食品加工业	4	5	6	3	21	17
食品制造业	18	15	3	25	13	20
酒、饮料和精制茶制造业	13	16	14	10	9	22
烟草制品业	20	29	1	24	4	19
纺织业	16	17	10	19	19	7
纺织服装、服饰业	21	30	13	23	17	8
皮革、毛皮、羽毛及其制品和制鞋业	32	34	19	31	29	4
木材加工和木、竹、藤、棕、草制品业	28	31	21	33	26	12
家具制造业	26	32	29	17	20	23
造纸和纸制品业	22	23	17	34	22	27
印刷和记录媒介复制业	24	26	33	35	11	25
文教、工美、体育和娱乐用品制造业	35	33	26	30	35	29
石油加工、炼焦和核燃料加工业	5	6	18	1	7	33
化学原料和化学制品制造业	8	8	27	6	33	6
医药制造业	14	14	16	12	10	26
化学纤维制造业	34	35	25	8	12	15
橡胶和塑料制品业	19	20	23	14	23	32
非金属矿物制品业	3	2	12	16	15	18
黑色金属冶炼和压延加工业	29	13	22	4	32	35

续表

产业	综合竞争力	规模竞争力	资本竞争力	效率竞争力	市场竞争力	可持续性竞争力
有色金属冶炼和压延加工业	7	7	15	5	14	16
金属制品业	33	19	28	28	31	30
通用设备制造业	15	12	4	22	25	3
专用设备制造业	11	10	11	9	27	14
交通设备制造业	9	9	8	13	28	10
电气机械和器材制造业	10	11	7	11	30	5
计算机、通信和其他电子设备制造业	17	18	32	29	34	2
仪器仪表制造业	31	22	31	27	16	11
电力、热力生产和供应业	6	4	5	15	8	31
燃气生产和供应业	30	27	35	26	5	28
水的生产和供应业	12	28	34	32	2	1

资料来源：根据《陕西统计年鉴2010》《陕西统计年鉴2014》和《中国工业统计年鉴2014》整理。

9. 甘肃省

甘肃省是我国西北地区较为重要的工业发展基地。利用丰富的煤炭、石油、有色金属等优势资源，甘肃以基础工业为发展重点，形成了以重化工业为主、门类较为齐全的工业体系。从表4.9可知，甘肃的工业竞争力主要表现如下：

（1）"电力、热力生产和供应业"的综合竞争力排在第一位。除了煤炭资源之外，甘肃还有丰富的太阳能、风能等清洁能源，并被列入着力发展的战略性新兴行业。但目前，煤炭资源面临生态环境压力，新能源发展尚处于起步阶段，因此可持续竞争力仍有待进一步提高。

（2）"有色金属冶炼和压延加工业""石油加工、炼焦和核燃料加工业""石油和天然气开采业""农副食品加工业"分别居于综合竞争力排名的第二位、第四位、第五位和第六位。这四个行业属于甘肃的传统优势行业,但现在普遍存在可持续竞争力不高的情况。

(3)"黑色金属冶炼和压延加工业""非金属矿物制品业""煤炭开采和洗选业"和"化学原料和化学制品制造业"分别居于综合竞争力排名的第三位、第七位、第九位和第十位。这些行业的规模竞争力相对较高。目前,相关行业面临技术改造升级、淘汰落后产能,以提高生产效率和产品附加值。

(4)"纺织服装、服饰业"的综合竞争力排在第十位。尽管该行业规模不大,但依托甘肃省的毛纺品牌优势和棉花种植资源优势,并结合承接东部地区相关行业转移,其资本、市场和可持续性竞争力方面相对较高。

围绕煤炭、石油、矿产资源,甘肃省的相关产业链条较为完善,下游行业如"电力、热力生产和供应业""电力、热力生产和供应业""石油加工、炼焦和核燃料加工业"的省内竞争力排名比较靠前。此外,"酒、饮料和精制茶制造业""食品制造业"以及装备制造业也具有一定的竞争力。但是,属于战略性新兴行业且技术水平要求较高的"计算机、通信和其他电子设备制造业"与"医药制品业"发展还相对落后。

表4.9 甘肃省工业竞争力排名(2013年)

产业	综合竞争力	规模竞争力	资本竞争力	效率竞争力	市场竞争力	可持续性竞争力
煤炭开采和洗选业	9	8	15	15	8	30
石油和天然气开采业	5	10	2	4	1	22
黑色金属矿采选业	15	19	18	14	18	7
有色金属矿采选业	8	15	24	5	5	8
非金属矿采选业	22	21	8	11	9	11

续表

产业	综合竞争力	规模竞争力	资本竞争力	效率竞争力	市场竞争力	可持续性竞争力
农副食品加工业	6	5	11	10	15	19
食品制造业	12	14	14	18	14	29
酒、饮料和精制茶制造业	13	11	13	9	11	17
烟草制品业	14	24	23	17	2	21
纺织业	30	22	17	25	31	13
纺织服装、服饰业	18	29	7	30	25	9
皮革、毛皮、羽毛及其制品和制鞋业	24	26	31	34	16	26
木材加工和木、竹、藤、棕、草制品业	31	35	30	32	34	6
家具制造业	29	33	19	33	32	18
造纸和纸制品业	21	23	9	26	27	27
印刷和记录媒介复制业	23	25	22	29	23	31
文教、工美、体育和娱乐用品制造业	16	31	5	35	28	33
石油加工、炼焦和核燃料加工业	4	6	4	1	4	12
化学原料和化学制品制造业	10	7	10	13	22	24
医药制造业	11	12	29	19	7	25
化学纤维制造业	25	34	16	12	30	32
橡胶和塑料制品业	26	17	21	24	24	14
非金属矿物制品业	7	3	12	16	10	34
黑色金属冶炼和压延加工业	3	4	6	6	13	3
有色金属冶炼和压延加工业	2	1	3	2	3	15
金属制品业	27	16	25	22	21	10
通用设备制造业	32	18	27	27	26	20
专用设备制造业	28	13	34	23	19	23
交通设备制造业	33	30	33	20	35	4
电气机械和器材制造业	20	9	20	7	20	5

续表

产业	综合竞争力	规模竞争力	资本竞争力	效率竞争力	市场竞争力	可持续性竞争力
计算机、通信和其他电子设备制造业	35	20	28	31	17	16
仪器仪表制造业	34	32	35	28	29	28
电力、热力生产和供应业	1	2	1	3	6	35
燃气生产和供应业	19	28	26	8	12	1
水的生产和供应业	17	27	32	21	33	2

资料来源：根据《甘肃统计年鉴2010》《甘肃统计年鉴2014》和《中国工业统计年鉴2014》整理。

10. 青海省

青海省是西部地区相对落后的省份，2013年地区生产总值仅高于西藏，居于第十一位。从工业发展来看，青海省充分利用得天独厚的资源优势，构筑了电力、盐湖化工、石油天然气、有色金属四大支柱产业，但是工业起步较晚，整体上以资源和原料导向为主。就规模总量而言，明显低于其他省份。从表4.10可知，青海的工业竞争力主要表现如下：

（1）"石油和天然气开采业""燃气生产和供应业"的综合竞争力分别排在全省的第一位和第五位。油气开采主要分布于柴达木盆地西北部；有色金属主要为铜、锌、铅、钴等。目前，前者的效率竞争力相对较弱；与之相关的"燃气生产和供应业"则表现出较好的市场竞争力和市场成长性。

（2）"有色金属冶炼和压延加工业""电力、热力生产和供应业"与"非金属矿物制品业"的综合竞争力分别居于全省的第二位、第三位和第九位。三个行业竞争力主要表现在省内的规模和市场竞争力方面。

（3）"化学原料和化学制品制造业""非金属矿物制品业"的综合

竞争力居于全省的第四位和第九位。青海有着丰富而独特的盐湖化工，以钾资源开发为重点，形成了钠、镁、氯、锂、硼、锶等一系列产品；这两个行业目前规模竞争力较为突出，其他细分竞争力有待加强。

（4）"医药制造业"的综合竞争力居于全省的第十位，青海省有利于高原药材、沙棘、枸杞等生物资源的培育与繁殖，医药制造业各细分竞争力发展较为均衡。

青海省以藏毯、民族服饰、毛棉纺织等特色纺织业为主，"纺织服装、服饰业"的综合竞争力排名在省内也比较靠前。"农副食品加工业""食品制造业"以及"酒、饮料和精制茶制造业"也具有一定特色；装备制造、计算机通信等资本和技术密集行业的排名则比较靠后。

表4.10 青海省工业竞争力排名（2013年）

产业	综合竞争力	规模竞争力	资本竞争力	效率竞争力	市场竞争力	可持续性竞争力
煤炭开采和洗选业	8	7	25	10	8	9
石油和天然气开采业	1	5	1	28	2	14
黑色金属矿采选业	24	20	21	25	15	4
有色金属矿采选业	7	10	6	18	6	27
非金属矿采选业	14	12	19	24	18	18
农副食品加工业	15	14	15	7	21	29
食品制造业	13	13	9	5	19	21
酒、饮料和精制茶制造业	16	11	8	11	17	24
烟草制品业						
纺织业	20	21	14	6	13	12
纺织服装、服饰业	11	15	5	8	9	8
皮革、毛皮、羽毛及其制品和制鞋业	—	—	—	—	—	—
木材加工和木、竹、藤、棕、草制品业						
家具制造业						

续表

产业	综合竞争力	规模竞争力	资本竞争力	效率竞争力	市场竞争力	可持续性竞争力
造纸和纸制品业	—	—	—	—	—	—
印刷和记录媒介复制业	18	25	4	12	20	26
文教、工美、体育和娱乐用品制造业	12	17	7	9	16	13
石油加工、炼焦和核燃料加工业	21	19	17	3	28	28
化学原料和化学制品制造业	4	2	29	26	12	25
医药制造业	10	9	12	19	11	11
化学纤维制造业	—	—	—	—	—	—
橡胶和塑料制品业	26	23	18	23	26	10
非金属矿物制品业	9	6	24	22	4	22
黑色金属冶炼和压延加工业	6	4	11	16	14	15
有色金属冶炼和压延加工业	2	1	26	21	3	19
金属制品业	27	22	28	17	25	7
通用设备制造业	23	18	22	15	22	3
专用设备制造业	29	27	2	4	27	17
交通设备制造业	28	26	23	1	23	20
电气机械和器材制造业	25	16	20	20	24	6
计算机、通信和其他电子设备制造业	22	29	3	2	29	5
仪器仪表制造业	17	28	13	13	5	23
电力、热力生产和供应业	3	3	27	14	7	16
燃气生产和供应业	5	8	10	29	1	1
水的生产和供应业	19	24	16	27	10	2

资料来源：根据《青海统计年鉴2010》《青海统计年鉴2014》和《中国工业统计年鉴2014》整理。

11. 宁夏回族自治区

宁夏回族自治区是西部地区面积最小的省级行政单位，其经济总量在西部地区排名也比较靠后。长期以来，宁夏以优势资源深度开发与转化为重点，构建有特色的现代产业体系。从表4.11可知，宁夏的工业竞争力主要表现如下：

（1）"电力、热力生产和供应业"与"煤炭开采和洗选业"的综合竞争力分别居于全区的第一位、第二位。煤炭是宁夏主要的能源矿产，分布在宁东地区，以此为基础，煤炭开采、煤电供给成为宁夏的主导产业；近年来，风能、太阳能清洁能源也得到相应发展。"电力、热力生产和供应业"的效率、市场竞争力还有待提升，"煤炭开采和洗选业"的可持续性竞争力相对较弱。

（2）"石油加工、炼焦和核燃料加工业""化学原料和化学制品制造业"的综合竞争力分别居于全区的第三位和第四位。依托周边地区（如宁陕甘边界）原油和天然气、油气等资源，"石油加工、炼焦和核燃料加工业"与"化学原料和化学制品制造业"成为区内传统工业行业，整体实力靠前。

（3）"黑色金属冶炼和压延加工业""有色金属冶炼和压延加工业""非金属矿物制品业"综合竞争力分别居于全区的第五位、第六位和第七位。宁夏金属矿产并不是很丰富，而利用周边省份金属矿产采选业优势，在冶金和延压加工业方面取得了较大发展。此外，"非金属矿产制品业"的规模和可持续性竞争力也相对较高。

（4）"食品制造业""纺织业"和"农副食品加工业"的综合竞争力排名也较为靠前，分别为第八位、第九位和第十位。宁夏的清真食品，羊绒、枸杞、葡萄、红枣、牛羊肉等，也使得宁夏的"食品制造业""纺织业"和"农副食品加工业"具有较强的地方特色，目前涉及品牌和市场拓展,即市场和可持续性竞争力方面还有提升的空间。

此外,宁夏的"专用机械设备制造业""通用设备制造业""电气机械和器材制造业""仪器仪表制造业",如数控机床、煤矿综采设备,综合竞争力均处于中上水平;"医药制造业"等高技术产业综合竞争力相对较弱。

表4.11 宁夏回族自治区工业竞争力排名(2013年)

产业	综合竞争力	规模竞争力	资本竞争力	效率竞争力	市场竞争力	可持续性竞争力
煤炭开采和洗选业	2	1	10	4	2	30
石油和天然气开采业	18	24	4	26	23	1
黑色金属矿采选业	31	28	30	30	28	29
有色金属矿采选业	—	—	—	—	—	—
非金属矿采选业	16	30	11	27	18	8
农副食品加工业	10	8	8	9	20	11
食品制造业	8	10	7	5	8	18
酒、饮料和精制茶制造业	17	16	15	20	24	6
烟草制品业	23	31	5	25	26	25
纺织业	9	9	23	3	12	10
纺织服装、服饰业	27	29	31	31	13	14
皮革、毛皮、羽毛及其制品和制鞋业	13	20	6	6	29	16
木材加工和木、竹、藤、棕、草制品业	12	26	2	2	17	15
家具制造业	22	27	1	13	27	3
造纸和纸制品业	25	18	29	28	6	27
印刷和记录媒介复制业	26	21	14	29	10	17
文教、工美、体育和娱乐用品制造业						
石油加工、炼焦和核燃料加工业	3	5	9	1	3	7

续表

产业	综合竞争力	规模竞争力	资本竞争力	效率竞争力	市场竞争力	可持续性竞争力
化学原料和化学制品制造业	4	3	13	14	9	26
医药制造业	24	17	28	22	31	23
化学纤维制造业	—	—	—	—	—	—
橡胶和塑料制品业	19	12	21	17	11	24
非金属矿物制品业	7	7	16	18	14	5
黑色金属冶炼和压延加工业	5	4	17	12	7	4
有色金属冶炼和压延加工业	6	6	22	8	4	9
金属制品业	28	15	19	19	25	21
通用设备制造业	20	13	25	24	19	13
专用设备制造业	14	14	12	11	15	22
交通设备制造业	21	22	18	16	22	20
电气机械和器材制造业	11	11	20	15	21	19
计算机、通信和其他电子设备制造业	—	—	—	—	—	—
仪器仪表制造业	15	25	24	7	16	12
电力、热力生产和供应业	1	2	3	10	1	2
燃气生产和供应业	29	19	26	21	5	28
水的生产和供应业	30	23	27	23	30	31

资料来源：根据《宁夏统计年鉴2010》《宁夏统计年鉴2014》和《中国工业统计年鉴2014》整理。

12. 新疆维吾尔自治区

新疆维吾尔自治区是我国的西北屏障，地理位置特殊，同时也是重要的国家战略资源基地，石油、天然气、煤、有色金属、非金属资源储量丰富。此外，新疆也是重要的粮、棉、果、畜等区域特色农产品集聚地。从表 4.12 可知，新疆的工业竞争力主要表现如下：

（1）"石油和天然气开采业"和"石油加工、炼焦和核燃料加工业"的综合竞争力分别居于全区的第一位、第三位。新疆拥有较为丰富的石油天然气资源，主要分布在塔里木、准噶尔和吐哈三大盆地，使得其油气开采和加工业相对发达。两个行业目前在效率和可持续性竞争力方面相对较弱。

（2）"电力、热力生产和供应业"与"化学原料和化学制品制造业"的综合竞争力分别居于全区的第二位、第六位。"化学原料和化学制品制造业"主要以石油化工和煤化工为主。两个行业在规模和资本方面具有一定竞争优势，其他细分竞争力有待提高。

（3）"纺织业""农副食品加工业"的综合竞争力分别居于第四位、第七位。新疆独特的气候环境，也有利于棉花、瓜果等经济作物以及畜牧业产品的发展。但前者在规模、资本和可持续性竞争力方面相对较弱，后者则在市场和可持续性竞争力方面相对较弱。

（4）"非金属矿物制品业""黑色金属冶炼和压延加工业""煤炭开采和洗选业"和"有色金属冶炼和压延加工业"四个行业的发展主要依托新疆相应的矿产资源，属于传统优势产业，其综合竞争力分别居于全区的第五位、第八位、第九位和第十位。除了规模优势之外，近年来"煤炭开采和洗选业"以"疆煤东运"取得了较好的市场竞争力，"有色金属冶炼和压延加工业"则表现出较好的可持续性竞争力。

此外，"电气机械和器材制造业""通用设备制造业""食品制造业"在区内的排名也相对靠前。其他装备制造业、"医药制造业"和"计算机、通信和其他电子设备制造业"等高技术行业的竞争力相对较弱。工业内部以资源密集的重化工业和劳动密集的轻工业为主体。

表 4.12 新疆维吾尔自治区工业竞争力排名（2013 年）

产业	综合竞争力	规模竞争力	资本竞争力	效率竞争力	市场竞争力	可持续性竞争力
煤炭开采和洗选业	9	8	19	17	8	32
石油和天然气开采业	1	2	1	34	1	10
黑色金属矿采选业	16	14	20	24	7	14
有色金属矿采选业	18	17	12	25	4	19
非金属矿采选业	27	22	26	18	27	21
农副食品加工业	7	6	10	11	20	18
食品制造业	13	10	13	21	11	17
酒、饮料和精制茶制造业	21	15	9	15	10	13
烟草制品业	17	30	4	5	5	20
纺织业	4	11	16	4	3	9
纺织服装、服饰业	31	28	27	9	13	22
皮革、毛皮、羽毛及其制品和制鞋业	23	32	23	16	31	12
木材加工和木、竹、藤、棕、草制品业	22	27	14	10	26	30
家具制造业	33	31	34	19	30	25
造纸和纸制品业	19	21	22	12	17	26
印刷和记录媒介复制业	34	29	29	22	28	23
文教、工美、体育和娱乐用品制造业	—	—	—	—	—	—
石油加工、炼焦和核燃料加工业	3	3	3	33	9	29
化学原料和化学制品制造业	6	5	5	30	15	31
医药制造业	24	23	31	7	21	4
化学纤维制造业	26	18	17	14	23	34
橡胶和塑料制品业	14	12	11	13	22	7
非金属矿物制品业	5	4	18	26	25	28
黑色金属冶炼和压延加工业	8	7	7	27	29	27
有色金属冶炼和压延加工业	10	9	21	28	24	8

续表

产业	综合竞争力	规模竞争力	资本竞争力	效率竞争力	市场竞争力	可持续性竞争力
金属制品业	32	16	24	20	34	15
通用设备制造业	15	25	25	3	14	5
专用设备制造业	20	20	28	8	18	6
交通设备制造业	30	26	8	2	32	3
电气机械和器材制造业	11	13	30	23	12	16
计算机、通信和其他电子设备制造业	28	34	6	6	19	24
仪器仪表制造业	25	33	33	1	2	1
电力、热力生产和供应业	2	1	2	32	6	33
燃气生产和供应业	29	19	15	29	16	11
水的生产和供应业	12	24	32	31	33	2

资料来源：根据《新疆统计年鉴2010》《新疆统计年鉴2014》和《中国工业统计年鉴2014》整理。

二、西部地区内部服务业竞争力排名与分析

由于竞争力指标体系与我国统计数据的局限性，本节的服务业分析主要涉及与制造业关系密切的生产性服务业以及与旅游业相关的住宿和餐饮业，共8个行业的竞争力情况。从表4.13可以看到，西部地区内部服务业发展具有较为相似的特征，大多数省级行政区内排名靠前的服务业为"交通运输、仓储和邮政业""批发和零售业""金融业""住宿和餐饮业"；而"信息传输、计算机服务和软件业""租赁和商务服务业"和"科学研究、技术服务和地质勘查业"等有利于提高产品附加值和技术水平的生产性服务业则排名相对靠后，具体表现如下：

（1）内蒙古、重庆、四川、青海省域内部服务业综合竞争力排名靠前的行业均体现在"交通运输、仓储和邮政业""批发和零售业""金

融业"三个行业,具有一定规模优势。

（2）除上述三个行业整体排名较高之外,云南、西藏、陕西的"住宿与餐饮业"的综合竞争力进入到区域排名的前三位;贵州、新疆的"房地产"服务行业也进入了排名的前三位,与区域内其他行业相比,尽管该行业规模不大,但在资本、效率、市场等方面体现出一定竞争优势。

（3）西部地区仅陕西省的"科学研究、技术服务和地质勘查业"的综合竞争力进入到区域排名的前三位,其区域内的竞争优势主要体现在效率和市场方面。"租赁和商务服务业"在省域内进入前三位的只有广西,其优势主要体现为具有较好的可持续性竞争力。

在西部地区,"交通运输、仓储和邮政业"和"批发和零售业"的综合竞争力整体上比较靠前,与多数省份处于工业化中期或重化工业阶段密切相关,其工业产品普遍体积和重量较大,对物流服务需求也相对较大。西部多数省份景色秀丽、文化悠久,具有丰富的旅游资源,住宿和餐饮业在区域内部较为发达。尽管在部分省份体现了较好的市场竞争力,但综合来看,"信息传输、计算机服务和软件业""科学研究、技术服务和地质勘查业"等知识密集度较高的现代服务业的竞争力整体相对较弱。

表4.13 西部地区12个省级行政区内部服务竞争力排名（2013年）

区域	行业	综合竞争力	规模竞争力	资本竞争力	效率竞争力	市场竞争力	可持续性竞争力
内蒙古	交通运输、仓储和邮政业	1	1	2	1	1	3
	信息传输、计算机服务和软件业	4	5	5	3	4	5
	批发和零售业	3	2	3	7	3	8
	住宿和餐饮业	5	7	4	5	2	6
	金融业	2	3	8	2	5	4

续表

区域	行业	综合竞争力	规模竞争力	资本竞争力	效率竞争力	市场竞争力	可持续性竞争力
内蒙古	房地产	7	6	1	6	6	7
	租赁和商务服务业	8	8	7	8	7	2
	科学研究、技术服务和地质勘查业	6	4	6	4	8	1
广西	交通运输、仓储和邮政业	1	1	2	1	3	4
	信息传输、计算机服务和软件业	8	8	6	7	2	7
	批发和零售业	6	2	3	8	6	5
	住宿和餐饮业	7	7	4	6	1	3
	金融业	5	3	8	4	5	6
	房地产	4	6	1	5	4	8
	租赁和商务服务业	3	4	5	3	7	2
	科学研究、技术服务和地质勘查业	2	5	7	2	8	1
重庆	交通运输、仓储和邮政业	2	1	2	1	4	6
	信息传输、计算机服务和软件业	8	8	6	8	3	5
	批发和零售业	1	2	3	4	6	7
	住宿和餐饮业	6	6	4	6	7	8
	金融业	3	3	8	5	1	3
	房地产	4	5	1	2	2	2
	租赁和商务服务业	5	4	5	3	8	4
	科学研究、技术服务和地质勘查业	7	7	7	7	5	1
四川	交通运输、仓储和邮政业	3	1	2	3	6	5
	信息传输、计算机服务和软件业	5	6	6	2	2	2
	批发和零售业	2	2	3	7	7	4

第四章 中国西部地区产业竞争力排名与分析（Ⅰ）：地区内部的比较

续表

区域	行业	综合竞争力	规模竞争力	资本竞争力	效率竞争力	市场竞争力	可持续性竞争力
四川	住宿和餐饮业	4	7	4	6	1	3
	金融业	1	3	7	4	3	1
	房地产	6	5	1	5	5	6
	租赁和商务服务业	8	8	5	8	8	7
	科学研究、技术服务和地质勘查业	7	4	8	1	4	8
贵州	交通运输、仓储和邮政业	3	2	2	6	1	1
	信息传输、计算机服务和软件业	8	8	7	8	3	6
	批发和零售业	2	1	3	3	5	7
	住宿和餐饮业	6	7	4	5	2	4
	金融业	5	3	8	4	4	2
	房地产	1	4	1	1	7	8
	租赁和商务服务业	7	6	5	7	6	3
	科学研究、技术服务和地质勘查业	4	5	6	2	8	5
云南	交通运输、仓储和邮政业	3	2	2	7	7	5
	信息传输、计算机服务和软件业	7	8	5	6	1	4
	批发和零售业	2	1	3	2	4	3
	住宿和餐饮业	1	5	4	1	2	2
	金融业	6	4	8	8	5	6
	房地产	5	3	1	3	6	7
	租赁和商务服务业	4	6	6	5	3	1
	科学研究、技术服务和地质勘查业	8	7	7	4	8	8
西藏	交通运输、仓储和邮政业	7	4	1	7	4	6
	信息传输、计算机服务和软件业	4	6	8	4	1	2

续表

区域	行业	综合竞争力	规模竞争力	资本竞争力	效率竞争力	市场竞争力	可持续性竞争力
西藏	批发和零售业	5	3	4	6	6	5
	住宿和餐饮业	1	1	3	2	2	4
	金融业	2	2	7	3	3	7
	房地产	8	8	2	8	5	3
	租赁和商务服务业	6	6	5	5	7	1
	科学研究、技术服务和地质勘查业	3	5	6	1	8	8
陕西	交通运输、仓储和邮政业	4	2	2	3	4	5
	信息传输、计算机服务和软件业	5	6	7	5	2	4
	批发和零售业	1	1	3	4	5	3
	住宿和餐饮业	2	5	4	2	3	2
	金融业	6	4	8	6	7	6
	房地产	8	7	1	7	6	1
	租赁和商务服务业	7	8	5	8	8	7
	科学研究、技术服务和地质勘查业	3	3	6	1	1	8
甘肃	交通运输、仓储和邮政业	1	1	2	2	2	6
	信息传输、计算机服务和软件业	3	7	6	6	1	5
	批发和零售业	2	2	3	7	4	3
	住宿和餐饮业	5	6	4	4	3	4
	金融业	4	3	8	3	5	1
	房地产	7	5	1	5	6	7
	租赁和商务服务业	8	8	5	8	8	2
	科学研究、技术服务和地质勘查业	6	4	7	1	7	8

续表

区域	行业	综合竞争力	规模竞争力	资本竞争力	效率竞争力	市场竞争力	可持续性竞争力
青海	交通运输、仓储和邮政业	1	1	2	2	3	5
	信息传输、计算机服务和软件业	5	5	6	4	1	1
	批发和零售业	4	2	5	5	4	4
	住宿和餐饮业	7	8	4	7	5	7
	金融业	3	4	8	3	2	3
	房地产	6	6	1	6	8	6
	租赁和商务服务业	8	7	3	8	6	8
	科学研究、技术服务和地质勘查业	2	3	6	1	7	2
宁夏	交通运输、仓储和邮政业	2	1	2	3	1	5
	信息传输、计算机服务和软件业	7	7	6	7	3	7
	批发和零售业	5	3	3	6	6	8
	住宿和餐饮业	8	8	4	8	5	6
	金融业	1	2	8	1	2	3
	房地产	6	5	1	4	4	4
	租赁和商务服务业	3	4	5	2	7	2
	科学研究、技术服务和地质勘查业	4	5	7	5	8	1
新疆	交通运输、仓储和邮政业	1	1	2	1	2	2
	信息传输、计算机服务和软件业	6	7	5	8	1	4
	批发和零售业	4	3	3	6	6	6
	住宿和餐饮业	7	8	4	7	4	3
	金融业	3	2	8	3	3	5
	房地产	2	6	1	5	5	1
	租赁和商务服务业	8	5	6	4	7	8
	科学研究、技术服务和地质勘查业	5	4	7	2	8	7

资料来源：根据各省级行政区统计年鉴2014、《中国第三产业统计年鉴2010》和《中国第三产业统计年鉴2014》整理。

第五章　中国西部地区产业竞争力排名与分析（Ⅱ）：全国范围的比较

本章通过主成分分析法，研究西部 12 个省级行政区各个细分产业在全国同行业中排名情况，即区域产业的外部比较，以判断西部地区与全国其他地区相比较的竞争优势及其发展水平。本章采用的研究视角对应第一章第二节"区域产业竞争力"界定中的"不同区域的某一产业视角"。

第一节　数据来源与说明

本章工业和服务业的数据来源和评价指标与第四章基本一致。与第四章不同的是，本章在计算时以全国 31 个省级行政区（不含台湾、香港和澳门）为基础，而非以一个省（自治区、直辖市）为基础。

由于采用的是产业视角，本章共有 35 个工业行业和 8 个服务行业分别进行比较。为了便于分析，本研究按照资源或要素集约程度，将工业行业划分为资源密集型、劳动密集型和资本密集型三种类型，这三种类型的行业又分别对应于不同的技术水平。参考我国著名学者郭克莎《我国技术密集型产业发展的趋势、作用和战略》一文[①]中对产业技术水平的划分，我国 2 位数代码的工业行业分类要素密集度及

[①] 郭克莎. 我国技术密集型产业发展的趋势、作用和战略[J]. 产业经济研究，2005（5）：1-12.

其对应的技术水平，如表 5.1 所示。

表 5.1 我国 2 位数代码的工业行业分类和对应的技术水平

资源密集型行业	劳动密集型行业	资本密集型行业
农副食品加工业+	纺织业+	文教体育用品制造业+
食品制造业+	纺织服装、鞋、帽制造业+	化工原料及化学制品制造业加工
饮料制造业+	皮革、毛皮、羽毛（绒）及其制品业+	业+++
烟草制品业+	造纸及纸制品业+	医药制造业++++
棕、草制品业+	印刷和记录媒介复制业++	化学纤维制造业++
石油和天然气开采业++	非金属矿物制品业++	橡胶及塑料制品业++
黑色金属矿采选业+	金属制品业+	黑色金属冶炼及压延加工业++
有色金属矿采选业+	家具制造业+	有色金属冶炼及压延加工业++
非金属矿采选业+	工艺品及其他制造业+	通用设备制造业+++
煤炭开采和洗选业业+	废弃资源和废旧材料回收+	专用设备制造业+++
	电力、热力生产和供应业+	交通运输设备制造业+++
		电气机械及器材制造业+++
		通信设备、计算机及其他电子设备制造业++++
		仪器仪表及文化、办公用机械制造业+++
		石油加工、炼焦及核燃料加工业++

注：+、++、+++、++++分别对应低、中低、中高和高水平的技术。

第二节　西部地区产业竞争力的全国排名与分析

一、西部地区工业竞争力的全国排名与分析

1. 资源密集型行业

西部丰富的各类矿产资源使得一部分西部地区在相关矿产的开

采和洗选方面具有较高的国内竞争优势；部分省份在酒、饮料和精制茶制造业和烟草制造业方面名列前茅；然而，除少数省份外，以特色优势发展的农副食品加工业、食品制造业等行业则整体实力偏弱。从表5.2可知，资源密集型行业的竞争力表现如下：

（1）2013年煤炭开采和洗选业综合竞争力排名靠前的西部省份有：内蒙古、陕西和贵州；石油和天然气开采业综合竞争力排名靠前的有：新疆、陕西、青海和甘肃；贵州、内蒙古和四川的黑色金属矿采选业、广西和内蒙古的有色金属矿采选业、广西和四川的非金属矿采选业综合竞争力在全国的排名也较为靠前。

（2）四川和贵州的酒、饮料和精制茶制造业的综合竞争力分别居于全国的第一位和第三位；云南与贵州的烟草制造业分别居于第一位和第九位；广西的木材加工及木、竹藤、棕、草制品业在全国的综合竞争力为第九位。只有四川省的农副食品加工业和食品制造业的综合竞争力在2013年进入了全国前十。

多数矿产采选业排名靠前的省份，在资本、市场和可持续性竞争力排名上出现了或多或少的滞后；多数食品、饮料和烟草类行业具有较高的综合竞争力的省份，出现了效率和市场竞争力不强的情况。

表5.2 西部地区资源密集型行业在全国的竞争力排名（2013年）

产业	区域	综合竞争力	规模竞争力	资本竞争力	效率竞争力	市场竞争力	可持续性竞争力
煤炭开采和洗选业	内蒙古	3	4	13	3	4	10
	广西	29	25	27	23	24	14
	重庆	19	13	9	17	20	22
	四川	12	6	11	18	21	7
	贵州	9	5	16	4	5	13
	云南	17	9	8	9	10	24
	西藏	—	—	—	—	—	—

第五章 中国西部地区产业竞争力排名与分析（Ⅱ）：全国范围的比较

续表

产业	区域	综合竞争力	规模竞争力	资本竞争力	效率竞争力	市场竞争力	可持续性竞争力
煤炭开采和洗选业	陕西	7	7	7	6	7	18
	甘肃	18	20	17	10	15	8
	青海	20	24	25	8	11	3
	宁夏	21	18	20	7	6	27
	新疆	27	19	23	13	18	19
石油和天然气开采业	内蒙古	10	16	5	3	17	7
	广西	19	28	6	4	18	11
	重庆	21	27	21	12	24	5
	四川	27	18	26	16	25	30
	贵州	25	9	22	17	26	8
	云南	—	—	—	—	—	—
	西藏	—	—	—	—	—	—
	陕西	4	1	7	21	4	20
	甘肃	7	17	9	18	5	22
	青海	6	21	17	22	7	6
	宁夏	20	25	23	8	19	1
	新疆	2	4	2	9	6	18
黑色金属矿采选业	内蒙古	6	4	10	5	8	29
	广西	17	15	16	7	17	10
	重庆	29	25	26	30	27	28
	四川	7	6	18	14	10	20
	贵州	5	23	5	28	5	3
	云南	21	12	25	20	24	24
	西藏	31	29	30	29	30	30
	陕西	24	18	23	21	22	25
	甘肃	26	21	28	19	29	5
	青海	23	27	29	26	28	1
	宁夏	30	30	31	24	31	2
	新疆	18	16	20	15	6	27

续表

产业	区域	综合竞争力	规模竞争力	资本竞争力	效率竞争力	市场竞争力	可持续性竞争力
有色金属矿采选业	内蒙古	5	5	3	4	6	13
	广西	6	9	5	6	9	5
	重庆	14	26	16	29	19	2
	四川	10	8	15	21	7	17
	贵州	12	11	14	3	27	1
	云南	11	7	22	20	16	14
	西藏	29	23	26	26	25	27
	陕西	13	10	13	16	14	8
	甘肃	24	14	25	24	21	15
	青海	28	20	20	11	26	31
	宁夏	—	—	—	—	—	—
	新疆	20	17	19	27	24	28
非金属矿采选业	内蒙古	12	10	15	3	24	28
	广西	8	11	8	9	6	14
	重庆	19	17	18	19	19	3
	四川	9	6	12	11	10	22
	贵州	15	19	10	2	3	8
	云南	20	18	23	18	7	9
	西藏	30	31	25	28	23	30
	陕西	21	21	17	23	20	7
	甘肃	23	24	21	16	22	16
	青海	28	27	27	25	30	5
	宁夏	25	30	24	27	17	1
	新疆	26	25	26	26	29	4
农副食品加工业	内蒙古	13	16	8	3	6	18
	广西	17	13	18	14	15	14
	重庆	12	19	10	16	20	13
	四川	10	7	11	10	7	2
	贵州	19	28	17	24	24	26

第五章　中国西部地区产业竞争力排名与分析（Ⅱ）：全国范围的比较

续表

产业	区域	综合竞争力	规模竞争力	资本竞争力	效率竞争力	市场竞争力	可持续性竞争力
农副食品加工业	云南	23	20	21	27	21	24
	西藏	29	31	31	31	29	27
	陕西	13	18	13	15	12	21
	甘肃	26	24	27	21	28	17
	青海	30	30	29	28	30	30
	宁夏	21	29	23	20	22	25
	新疆	20	22	24	19	19	20
食品制造业	内蒙古	17	15	21	10	19	20
	广西	20	21	16	19	20	17
	重庆	19	24	18	26	21	2
	四川	9	4	8	17	8	13
	贵州	22	27	13	20	5	7
	云南	23	22	23	25	26	10
	西藏	29	31	31	30	6	3
	陕西	11	18	9	6	13	8
	甘肃	26	28	30	28	30	28
	青海	29	30	29	21	24	23
	宁夏	28	29	26	3	29	21
	新疆	27	23	27	18	25	1
酒、饮料和精制茶制造业	内蒙古	22	19	18	14	25	22
	广西	15	15	10	11	23	14
	重庆	16	22	16	24	18	5
	四川	2	1	1	1	5	15
	贵州	6	10	6	3	1	2
	云南	21	18	24	28	8	1
	西藏	25	31	27	21	14	24
	陕西	13	16	13	8	6	13
	甘肃	24	23	28	16	20	17
	青海	28	30	26	23	30	23
	宁夏	27	29	30	27	27	9
	新疆	23	27	22	20	21	19

续表

产业	区域	综合竞争力	规模竞争力	资本竞争力	效率竞争力	市场竞争力	可持续性竞争力
烟草制品业	内蒙古	25	23	13	21	7	28
	广西	17	20	12	20	26	18
	重庆	19	18	6	29	18	19
	四川	9	13	1	31	25	3
	贵州	7	9	10	3	16	23
	云南	1	1	28	1	2	21
	西藏	—	—	—	—	—	—
	陕西	24	11	11	22	17	27
	甘肃	14	22	5	23	20	26
	青海	15	—	—	12	—	—
	宁夏	31	29	29	7	31	1
	新疆	29	28	24	6	30	25
木材加工及木、竹、藤、棕、草制品	内蒙古	14	17	7	6	15	3
	广西	9	4	12	11	12	22
	重庆	24	21	19	24	21	27
	四川	21	15	17	18	19	9
	贵州	13	18	9	14	26	24
	云南	22	19	23	25	24	2
	西藏	26	29	28	29	29	5
	陕西	23	23	21	21	23	26
	甘肃	28	30	30	28	30	29
	青海	—	—	—	—	—	—
	宁夏	19	28	20	7	27	28
	新疆	27	27	24	23	25	30

资料来源：根据各省级行政区统计年鉴2014、《中国工业统计年鉴2010》和《中国工业统计年鉴2014》整理。

2. 劳动密集型行业

西部地区在劳动密集型行业的竞争优势并不突出。从表 5.3 可以看出，其在全国的竞争力主要表现如下：

（1）在轻工业方面，四川"家具制造业"和"造纸和纸制品业"的全国综合竞争力排名分别为第八位和第十位。重庆、四川和广西分别在"纺织业""纺织服装、服饰业"和"皮革、毛皮、羽毛及其制品和制鞋业"排名靠前，但未进入全国前十。多数西部省份相关行业的优势不明显。

（2）在非金属制品业方面，四川的综合竞争力位于全国第十位，广西和陕西的综合竞争力在全国排名靠前，塑料制品业、金属制品业则未有排名靠前的西部省份。

（3）在能源行业方面，内蒙古和四川"电力、热力生产和供应业"的全国综合竞争力排名分别为第四位和第五位。此外，内蒙古"燃气生产和供应业"的全国综合竞争力排名为第七位；四川的"水的生产和供应业"的全国综合竞争力排名为第九位。

目前，竞争力排名靠前的行业仍主要依赖其资源在全国的规模优势；多数排名靠前西部省份在资本、效率、市场和可持续性竞争力方面仍有待提高。

表5.3 西部地区劳动密集型行业在全国的竞争力排名（2013年）

产业	区域	综合竞争力	规模竞争力	资本竞争力	效率竞争力	市场竞争力	可持续性竞争力
纺织业	内蒙古	13	16	14	5	4	6
	广西	20	17	17	19	19	7
	重庆	12	18	4	13	16	19
	四川	11	10	8	11	12	15
	贵州	23	30	22	30	18	2
	云南	29	27	27	29	30	28
	西藏	24	31	30	21	28	27
	陕西	15	15	9	20	6	16
	甘肃	26	28	25	25	27	21

续表

产业	区域	综合竞争力	规模竞争力	资本竞争力	效率竞争力	市场竞争力	可持续性竞争力
纺织业	青海	19	29	23	18	20	3
	宁夏	17	24	24	6	11	5
	新疆	27	19	29	26	26	26
纺织服装、服饰业	内蒙古	25	20	24	2	30	29
	广西	19	18	13	7	21	14
	重庆	13	17	10	13	15	7
	四川	15	16	7	6	22	9
	贵州	21	26	21	22	29	2
	云南	23	27	29	25	23	5
	西藏	—	—	—	—	—	—
	陕西	16	22	12	11	10	8
	甘肃	18	28	9	23	27	4
	青海	22	25	19	16	28	16
	宁夏	28	30	30	26	26	24
	新疆	29	29	27	17	7	15
皮革、毛皮、羽毛及其制品和制鞋业	内蒙古	19	21	7	9	2	8
	广西	12	15	11	18	21	17
	重庆	14	16	3	8	8	11
	四川	13	11	13	11	15	30
	贵州	22	20	14	27	28	6
	云南	28	27	21	28	12	3
	西藏	—	—	—	—	—	—
	陕西	30	26	19	29	13	4
	甘肃	31	22	27	31	3	7
	青海	—	—	—	—	—	—
	宁夏	24	25	22	10	9	14
	新疆	29	28	28	13	29	26

第五章　中国西部地区产业竞争力排名与分析（Ⅱ）：全国范围的比较

续表

产业	区域	综合竞争力	规模竞争力	资本竞争力	效率竞争力	市场竞争力	可持续性竞争力
家具制造业	内蒙古	21	24	4	3	24	29
	广西	20	18	11	9	22	22
	重庆	19	20	15	22	21	14
	四川	9	5	17	28	13	15
	贵州	28	23	14	7	29	6
	云南	27	28	29	20	27	8
	西藏	—	—	—	—	—	—
	陕西	26	22	5	6	28	10
	甘肃	29	29	25	16	30	4
	青海	22	30	1	2	23	31
	宁夏	25	27	6	4	26	5
	新疆	17	25	30	8	5	30
造纸和纸制品业	内蒙古	15	23	2	2	16	25
	广西	20	12	22	23	25	18
	重庆	18	17	10	13	12	24
	四川	10	8	7	9	17	3
	贵州	30	25	14	22	30	7
	云南	28	21	23	29	27	29
	西藏	25	30	24	30	15	20
	陕西	19	20	4	11	24	4
	甘肃	29	27	17	26	28	10
	青海	—	—	—	—	—	—
	宁夏	31	29	30	31	31	30
	新疆	24	26	19	28	22	23
印刷和记录媒介复制业	内蒙古	17	25	3	3	28	26
	广西	15	17	5	6	18	18
	重庆	16	16	12	19	16	12
	四川	12	8	8	17	14	14
	贵州	23	26	18	9	29	9

135

续表

产业	区域	综合竞争力	规模竞争力	资本竞争力	效率竞争力	市场竞争力	可持续性竞争力
印刷和记录媒介复制业	云南	20	21	21	29	26	27
	西藏	29	31	26	22	27	3
	陕西	21	20	15	18	21	21
	甘肃	27	27	29	25	24	25
	青海	24	30	16	12	30	31
	宁夏	28	28	27	21	23	17
	新疆	30	29	31	23	25	29
文教、工美、体育和娱乐用品制造业	内蒙古	19	24	1	2	4	10
	广西	21	14	7	6	15	14
	重庆	17	19	11	15	11	5
	四川	15	16	8	7	22	4
	贵州	20	27	23	12	24	1
	云南	16	20	10	13	19	8
	西藏	28	29	25	16	30	22
	陕西	24	25	22	9	3	2
	甘肃	21	28	14	10	29	6
	青海	27	23	19	27	26	24
	宁夏	—	—	—	—	—	—
	新疆	—	—	—	—	—	—
橡胶与塑料制品业	内蒙古	13	26	5	4	5	8
	广西	25	18	20	10	26	25
	重庆	15	16	6	22	14	6
	四川	17	12	10	18	17	23
	贵州	22	24	25	16	28	12
	云南	26	23	21	12	27	26
	西藏	—	—	—	—	—	—
	陕西	21	19	12	11	18	27
	甘肃	28	28	29	9	29	28

第五章 中国西部地区产业竞争力排名与分析（Ⅱ）：全国范围的比较

续表

产业	区域	综合竞争力	规模竞争力	资本竞争力	效率竞争力	市场竞争力	可持续性竞争力
橡胶与塑料制品业	青海	29	30	26	6	23	29
	宁夏	30	29	30	15	30	30
	新疆	19	25	22	13	16	7
非金属矿物制品业	内蒙古	20	18	17	17	20	23
	广西	13	14	7	11	12	12
	重庆	18	16	19	18	19	8
	四川	10	7	12	14	14	14
	贵州	16	19	18	12	15	1
	云南	26	24	22	22	27	17
	西藏	24	31	15	29	3	29
	陕西	14	17	8	10	18	7
	甘肃	21	27	23	20	23	4
	青海	22	30	30	23	28	2
	宁夏	25	29	26	25	25	3
	新疆	27	25	29	27	30	20
金属制品业	内蒙古	25	23	18	27	27	22
	广西	18	24	4	25	14	2
	重庆	16	18	3	18	11	3
	四川	12	10	24	9	9	14
	贵州	20	26	2	28	4	31
	云南	27	24	29	27	22	5
	西藏	—	—	—	—	—	—
	陕西	15	14	16	15	12	16
	甘肃	19	16	21	8	18	8
	青海	22	28	11	12	23	30
	宁夏	24	28	22	25	30	20
	新疆	26	25	14	21	24	28

续表

产业	区域	综合竞争力	规模竞争力	资本竞争力	效率竞争力	市场竞争力	可持续性竞争力
电力、热力生产和供应业	内蒙古	8	9	11	6	2	6
	广西	10	11	4	11	7	2
	重庆	31	29	31	31	31	31
	四川	5	6	2	4	5	15
	贵州	24	17	19	21	23	13
	云南	17	18	6	14	11	23
	西藏	29	31	28	30	15	20
	陕西	19	21	5	25	3	11
	甘肃	25	20	20	28	24	5
	青海	27	30	27	24	19	24
	宁夏	28	27	29	27	20	4
	新疆	22	23	14	17	6	8
燃气生产和供应业	内蒙古	7	8	7	27	7	6
	广西	24	27	23	22	25	8
	重庆	13	15	9	28	3	1
	四川	18	2	19	11	18	24
	贵州	30	29	30	23	16	10
	云南	11	9	6	30	2	3
	西藏	21	26	3	24	5	9
	陕西	12	12	2	14	17	4
	甘肃	25	31	24	12	26	14
	青海	10	21	16	31	20	7
	宁夏	31	28	31	25	15	21
	新疆	23	23	18	20	28	17
水的生产和供应业	内蒙古	20	16	23	23	14	11
	广西	13	9	2	31	5	8
	重庆	21	19	11	18	10	15
	四川	9	5	28	4	31	29
	贵州	28	26	30	1	30	31

续表

产业	区域	综合竞争力	规模竞争力	资本竞争力	效率竞争力	市场竞争力	可持续性竞争力
水的生产和供应业	云南	24	22	4	7	8	16
	西藏	27	31	20	30	9	5
	陕西	26	20	17	29	23	20
	甘肃	19	28	14	21	21	10
	青海	25	30	25	22	12	9
	宁夏	17	29	1	9	6	4
	新疆	23	27	9	20	18	17

资料来源：根据各省级行政区统计年鉴2010、2014和《中国工业统计年鉴2014》整理。

3. 资本密集型行业

我国西部地区部分省份在资本密集型行业中具有一定的竞争力，从表5.4可以看到，其在全国的竞争力具体表现如下：

（1）在矿产资源的深加工业方面，广西"黑色金属冶炼与压延业"在全国的综合竞争力排名为第十位。云南和内蒙古"有色金属冶炼与压延业"的综合竞争力排名靠前，分别为第十一位和第十二位；广西和新疆的"石油加工、炼焦和核燃料加工业"的综合竞争力分别为第十位和第十三位。

（2）在装备制造业方面，重庆"交通设备制造业"的全国综合竞争力排名为第七位；此外，四川省的"专用设备制造业""通用设备制造业"和"交通设备制造业"，重庆与广西的"电气机械和器材制造业"排名也较为靠前。

（3）在高技术水平制造业方面，重庆和四川的"计算机、通信和其他电子设备制造业"在规模、资本和市场竞争力上具有一定优势，在全国的综合竞争力排名分别为第十位和第十一位；四川的"医药制造业"主要基于规模优势和市场优势,其综合竞争力居于全国的第八位。

西部地区资本密集型行业的竞争优势,主要集中在中低技术行业的矿产资源深加工行业。在装备制造业等中高技术行业和计算机、医药制造等高技术行业中,仅少数省份(重庆、四川)具有一定竞争力。

表5.4 西部地区资本型密集行业在全国的竞争力排名(2013年)

产业	区域	综合竞争力	规模竞争力	资本竞争力	效率竞争力	市场竞争力	可持续性竞争力
石油加工、炼焦和核燃料加工业	内蒙古	17	13	27	23	25	3
	广西	10	23	8	4	13	16
	重庆	27	28	18	17	30	8
	四川	24	16	22	21	20	13
	贵州	30	27	24	19	29	5
	云南	29	22	28	24	28	10
	西藏	—	—	—	—	—	—
	陕西	21	5	25	26	27	6
	甘肃	20	15	19	25	9	23
	青海	31	30	29	20	31	20
	宁夏	28	19	26	29	22	7
	新疆	13	8	16	27	14	18
化学原料和化学制品制造业	内蒙古	19	15	24	18	14	26
	广西	17	16	14	16	19	14
	重庆	21	21	20	25	23	21
	四川	20	9	15	21	16	17
	贵州	22	24	25	24	12	24
	云南	25	19	27	19	24	28
	西藏	28	31	19	31	10	2
	陕西	24	22	23	29	21	27
	甘肃	27	28	28	23	29	22
	青海	29	30	31	26	30	23
	宁夏	23	29	26	17	20	29
	新疆	30	23	21	27	27	30

第五章 中国西部地区产业竞争力排名与分析（Ⅱ）：全国范围的比较

续表

产业	区域	综合竞争力	规模竞争力	资本竞争力	效率竞争力	市场竞争力	可持续性竞争力
医药制造业	内蒙古	20	24	9	18	17	1
	广西	15	18	10	16	24	8
	重庆	17	20	22	22	18	4
	四川	8	7	13	12	7	24
	贵州	18	21	21	8	28	5
	云南	16	22	24	15	27	7
	西藏	27	31	25	28	30	30
	陕西	14	16	7	9	21	20
	甘肃	23	27	27	27	29	10
	青海	11	28	26	17	26	2
	宁夏	31	30	31	30	25	31
	新疆	28	29	30	31	22	3
化学纤维制造业	内蒙古	26	26	27	27	27	29
	广西	—	—	—	—	—	—
	重庆	18	20	6	28	13	2
	四川	13	6	13	13	10	9
	贵州	—	—	—	—	—	—
	云南	21	21	7	4	4	12
	西藏	—	—	—	—	—	—
	陕西	5	17	5	15	7	3
	甘肃	28	25	24	12	30	5
	青海	—	—	—	—	—	—
	宁夏	—	—	—	—	—	—
	新疆	14	10	22	5	25	1
黑色金属冶炼和压延加工业	内蒙古	21	14	24	26	16	7
	广西	10	15	2	4	18	13
	重庆	19	21	10	15	20	25
	四川	16	8	21	19	21	1
	贵州	23	20	20	13	27	11

续表

产业	区域	综合竞争力	规模竞争力	资本竞争力	效率竞争力	市场竞争力	可持续性竞争力
黑色金属冶炼和压延加工业	云南	24	16	22	24	25	18
	西藏	25	31	23	1	31	16
	陕西	27	22	14	7	26	2
	甘肃	31	23	26	30	29	28
	青海	30	29	27	27	30	24
	宁夏	26	27	28	22	19	30
	新疆	28	25	29	23	28	29
有色金属冶炼和压延加工业	内蒙古	12	10	7	25	8	28
	广西	24	14	18	19	25	21
	重庆	19	22	17	16	17	4
	四川	20	16	19	10	24	8
	贵州	30	23	23	21	16	30
	云南	11	8	20	29	7	27
	西藏	—	—	—	—	—	—
	陕西	17	12	16	22	21	22
	甘肃	14	13	13	28	9	24
	青海	23	24	26	30	12	25
	宁夏	25	26	29	26	15	19
	新疆	15	25	28	20	27	3
通用设备制造业	内蒙古	18	24	10	12	24	4
	广西	23	22	21	19	21	18
	重庆	17	15	16	18	6	13
	四川	15	9	15	11	18	24
	贵州	21	27	20	22	13	2
	云南	29	25	25	26	30	10
	西藏	—	—	—	—	—	—
	陕西	22	18	22	21	20	11
	甘肃	28	26	29	27	28	8
	青海	30	29	27	28	29	31

续表

产业	区域	综合竞争力	规模竞争力	资本竞争力	效率竞争力	市场竞争力	可持续性竞争力
通用设备制造业	宁夏	26	28	28	29	26	25
	新疆	25	30	18	23	9	16
专用设备制造业	内蒙古	18	23	10	13	27	3
	广西	19	20	24	7	14	17
	重庆	23	22	5	27	23	4
	四川	15	11	15	17	9	18
	贵州	20	27	30	21	22	5
	云南	27	26	22	22	26	27
	西藏	—	—	—	—	—	—
	陕西	21	15	25	12	15	13
	甘肃	28	24	28	16	24	24
	青海	29	30	4	30	30	31
	宁夏	30	28	17	25	29	30
	新疆	12	29	20	3	28	2
交通设备制造业	内蒙古	25	23	28	26	24	31
	广西	15	16	15	5	23	10
	重庆	7	8	9	7	15	4
	四川	13	15	7	12	18	2
	贵州	14	25	19	22	27	1
	云南	24	26	22	19	22	26
	西藏	—	—	—	—	—	—
	陕西	22	19	20	16	19	13
	甘肃	30	28	30	24	30	30
	青海	23	30	26	1	29	22
	宁夏	28	29	25	29	25	27
	新疆	26	27	23	25	28	23
电气机械和器材制造业	内蒙古	17	23	12	17	20	10
	广西	15	20	2	9	13	27
	重庆	12	16	10	8	17	24

续表

产业	区域	综合竞争力	规模竞争力	资本竞争力	效率竞争力	市场竞争力	可持续性竞争力
电气机械和器材制造业	四川	22	13	16	24	19	21
	贵州	23	28	20	23	27	30
	云南	30	27	23	30	25	2
	西藏	31	31	31	26	31	12
	陕西	20	18	22	25	23	3
	甘肃	21	24	29	6	29	5
	青海	27	30	25	27	28	8
	宁夏	26	29	21	28	22	19
	新疆	24	25	28	13	11	1
计算机、通信和其他电子设备制造业	内蒙古	23	25	24	4	25	14
	广西	20	19	3	8	22	24
	重庆	11	12	14	25	4	23
	四川	10	6	8	24	9	25
	贵州	15	23	9	3	24	7
	云南	31	27	30	12	27	30
	西藏	—	—	—	—	—	—
	陕西	27	21	29	15	18	4
	甘肃	29	24	31	13	20	28
	青海	26	28	10	2	14	16
	宁夏	—	—	—	—	—	—
	新疆	28	29	11	9	5	1
仪器仪表制造业	内蒙古	22	28	2	5	21	31
	广西	20	22	11	7	13	24
	重庆	17	12	19	12	14	4
	四川	24	19	21	19	25	27
	贵州	31	25	26	26	28	28
	云南	23	24	29	25	10	25
	西藏	—	—	—	—	—	—

续表

产业	区域	综合竞争力	规模竞争力	资本竞争力	效率竞争力	市场竞争力	可持续性竞争力
仪器仪表制造业	陕西	16	14	22	18	17	7
	甘肃	25	27	31	29	7	2
	青海	29	29	25	27	15	8
	宁夏	28	26	27	22	20	29
	新疆	30	30	30	30	31	30

资料来源：根据各省级行政区统计年鉴（2010、2014）和《中国工业统计年鉴2014》整理。

二、西部地区服务业竞争力的全国排名与分析

从全国范围来看，西部地区的服务业（主要是生产性服务业）竞争力普遍较弱。如表5.5所示，具体表现如下：

（1）四川省的服务业竞争力在西部地区的表现较为突出，其"信息传输、计算机服务和软件业""住宿和餐饮业"和"金融业"的综合竞争力全国排名分别为第四位、第六位和第九位；"房地产"的综合竞争力全国排名也较为靠前。

（2）陕西"科学研究、技术服务和地质勘查业"的综合竞争力全国排名为第十位，云南的"住宿和餐饮业"综合竞争力全国排名靠前。前者体现出较好的资本和效率优势，后者体现出较好的行业可持续增长性。

（3）内蒙古在"交通运输、仓储和邮政业"的综合竞争力，重庆在"金融业""房地产"和"租赁与商务服务业"的综合竞争力均较为靠前，并体现出较高的可持续增长性。

此外，尽管多数西部省份相关服务业的综合竞争力排名较为靠后，规模、资本、效率、市场等竞争力有待提高，但近年来其服务业

的发展仍体现出较好的市场成长性和可持续性。

表 5.5 西部地区 12 个省级行政区服务业竞争力在全国的竞争力排名（2013 年）

产业	地区	综合竞争力	规模竞争力	资本竞争力	效率竞争力	市场竞争力	可持续性竞争力
交通运输、仓储和邮政业	内蒙古	11	19	10	3	7	9
	广西	15	20	14	9	20	5
	重庆	19	13	15	16	23	15
	四川	13	9	3	14	15	29
	贵州	14	27	16	22	16	1
	云南	25	24	13	24	27	28
	西藏	31	31	30	12	31	31
	陕西	21	14	18	15	21	17
	甘肃	27	26	27	6	26	12
	青海	30	29	28	1	30	18
	宁夏	24	30	31	10	28	2
	新疆	18	22	23	4	25	3
信息传输、计算机服务和软件业	内蒙古	15	21	11	3	21	27
	广西	18	22	12	14	17	20
	重庆	25	23	16	29	23	12
	四川	4	6	14	10	5	5
	贵州	28	25	29	26	24	10
	云南	22	17	19	17	16	15
	西藏	29	31	30	1	31	1
	陕西	17	9	17	13	15	25
	甘肃	26	26	25	12	26	19
	青海	27	29	31	7	30	2
	宁夏	30	30	28	24	29	14
	新疆	24	27	24	15	22	8
批发和零售业	内蒙古	24	26	16	15	14	26
	广西	19	22	17	22	22	4
	重庆	26	17	23	27	24	21

续表

产业	地区	综合竞争力	规模竞争力	资本竞争力	效率竞争力	市场竞争力	可持续性竞争力
批发和零售业	四川	18	9	11	19	15	27
	贵州	21	23	25	11	25	9
	云南	12	14	20	6	19	3
	西藏	29	31	30	2	31	24
	陕西	16	13	12	14	18	19
	甘肃	22	28	22	13	27	12
	青海	30	30	31	10	30	18
	宁夏	31	29	27	24	29	16
	新疆	28	27	24	21	26	15
住宿和餐饮业	内蒙古	19	24	19	7	10	24
	广西	17	21	11	13	14	5
	重庆	27	15	20	24	25	28
	四川	6	8	5	11	6	19
	贵州	20	25	26	18	22	8
	云南	14	12	16	6	16	3
	西藏	31	29	29	1	30	14
	陕西	13	16	10	3	17	3
	甘肃	28	26	23	4	26	15
	青海	30	29	30	21	31	26
	宁夏	29	29	31	31	29	12
	新疆	23	28	27	19	27	7
金融业	内蒙古	24	21	17	6	21	19
	广西	20	19	14	15	18	21
	重庆	12	18	27	24	12	3
	四川	9	8	7	16	7	2
	贵州	22	26	30	19	24	11
	云南	21	23	24	25	20	25
	西藏	31	31	23	1	31	29

续表

产业	地区	综合竞争力	规模竞争力	资本竞争力	效率竞争力	市场竞争力	可持续性竞争力
金融业	陕西	17	17	15	20	19	23
	甘肃	25	27	22	7	27	7
	青海	30	30	28	4	30	13
	宁夏	28	28	31	5	28	4
	新疆	26	24	29	8	25	15
房地产	内蒙古	25	25	23	14	21	23
	广西	21	19	21	4	17	20
	重庆	14	13	14	21	14	1
	四川	12	8	6	12	11	26
	贵州	27	20	18	1	27	25
	云南	23	13	15	8	23	29
	西藏	28	31	31	31	31	12
	陕西	11	18	11	24	18	3
	甘肃	29	27	28	2	28	18
	青海	31	30	30	22	30	22
	宁夏	26	29	29	9	29	4
	新疆	22	26	25	10	26	8
租赁和商务服务业	内蒙古	20	26	24	18	19	12
	广西	17	13	17	4	20	11
	重庆	14	12	19	16	18	7
	四川	16	9	18	23	15	30
	贵州	23	25	27	22	21	13
	云南	18	14	22	13	14	2
	西藏	25	31	30	1	31	1
	陕西	28	17	13	28	23	27
	甘肃	24	27	23	20	28	10
	青海	31	30	20	25	30	25
	宁夏	22	28	29	3	29	4
	新疆	26	20	28	2	26	31

续表

产业	地区	综合竞争力	规模竞争力	资本竞争力	效率竞争力	市场竞争力	可持续性竞争力
科学研究、技术服务和地质勘查业	内蒙古	24	26	16	11	22	10
	广西	20	16	18	8	23	11
	重庆	21	25	25	30	17	7
	四川	11	9	31	10	10	28
	贵州	25	23	24	14	26	18
	云南	19	17	23	20	24	26
	西藏	31	31	26	1	31	30
	陕西	10	8	4	6	13	31
	甘肃	26	22	21	3	25	27
	青海	30	28	30	2	30	16
	宁夏	29	30	29	18	28	5
	新疆	27	23	27	5	27	20

资料来源：根据各省级行政区统计年鉴2014、《中国第三产业统计年鉴2010》和《中国第三产业统计年鉴2014》整理。

第六章 总结与建议

从第四章和第五章的分析中可以看出，我国西部地区特色优势产业主要集中在资源密集型行业和部分资本密集型行业，其他产业与全国相比仍然存在较大差距。从全国范围来看，西部地区的生产性服务业大多缺乏竞争力，很难为工业竞争力提升提供有力的支撑。未来我国西部地区促进产业的转型升级、提升产业竞争力的主要途径在于实现制造业信息化、制造业服务化和服务业信息化以及制造业与服务业的协调发展、融合发展。本章就西部地区产业竞争力面临的共同问题进行归纳，并提出相关的政策建议。

第一节 西部地区产业竞争力现状与问题

一、以规模竞争力为主要特征，区域产业综合竞争力有待提升

改革开放特别是西部大开发以来，西部地区从注重资金投入、基础设施建设的全面开发，到强调功能布局、区域协调和依托比较优势促进特色优势产业发展，产业发展走上了快速扩张的道路。从表 6.1 可以看到，在西部各省（自治区、直辖市）内，工业和生产性服务业的综合竞争力排名均与规模竞争力排名高度正相关（相关系数为 0.782 4 和 0.689 6），与其他分项竞争力相关性较弱；在与全国的比较

中，西部地区工业和生产性服务业的综合竞争力排名与规模竞争力、资本竞争力的排名高度正相关（相关系数在 0.725 6~0.799 7），工业的效率竞争力和生产性服务业的市场竞争力与产业综合竞争力的排名相关系数也相对较高。这就意味着，在区域（省、自治区、直辖市）内部产业竞争力的比较中，仅规模竞争力对综合竞争力排名影响较大；而在与全国其他地区的比较中，综合竞争力排名则受到规模、资本、效率、市场等竞争力的共同影响；目前，西部地区的可持续竞争力与产业综合竞争力的相关性不大。

因此，从全国范围来说，我国西部地区处于资源依赖和投资依赖并存的发展阶段；从区域内部来说，各产业竞争力的形成更多依赖的是产业规模的扩张。无论是全国范围还是区域内部，规模竞争力都成为地区产业综合竞争力的主要标志因素。总体来看，西部地区产业竞争力整体上较弱，12 个省（自治区、直辖市）2013 年工业综合竞争力进入全国前十位和前十五位的为 9.29%和 23.57%（根据表 5.2~表 5.4 统计），生产性服务业综合竞争力进入全国前十位和前十五位的仅为 4.17%和 18.75%（根据表 5.5 统计）。

随着我国经济增长逐渐迈入创新驱动阶段，加速产业转型升级、提高产业竞争力将是经济发展进程中一个紧迫性的重大选择。地区产业竞争力的形成是一个综合过程，是一个将资源、投资、劳动力逐渐转化为资本、效率、市场地位等竞争优势和竞争力表现形式的过程；在此过程中，同时兼顾环境因素实现包容性增长也被视为产业竞争力"有效"提高的重要表现之一。从产业竞争力评价结果来看，西部地区多数产业尚未完全实现上述竞争力的转化，资本、效率、市场、可持续性竞争力与综合竞争力都还有进一步提升的空间。

表6.1　西部产业综合竞争力与各项细分竞争力的相关系数（2012年）

		规模竞争力	资本竞争力	效率竞争力	市场竞争力	可持续性竞争力
工业	区域综合竞争力	0.7824*	0.4639*	0.4991*	0.5077*	0.3247*
	全国综合竞争力	0.7256*	0.7419*	0.6163*	0.4111*	0.3646*
生产性服务业	区域综合竞争力	0.6896*	0.2480	0.4246*	0.2262	0.4643*
	全国综合竞争力	0.7997*	0.7650*	0.4671*	0.8810*	0.4231*

注：*表示在0.1%的统计水平上显著。
资料来源：根据本研究第五章表5.2~表5.5整理。

二、以资源密集型行业为主要依托，区域产业竞争力提升压力较大

西部地区工业结构具有明显的"偏重型"和"偏原料型"的特征。从区域内部产业竞争力评价结果来看，大多数西部地区产业综合竞争力靠前的工业行业集中在资源加工产业领域：电力、热力生产和供应业，化学原料和化学制品制造业，黑色和有色金属的采选、冶炼及压延业，煤炭和石油天然气开采，非金属矿物制品业，农副食品加工业；部分省份的酒、饮料和精制茶、烟草制造业和装备制造业具有一定的竞争优势。从全国范围的产业竞争力评价结果来看，西部地区产业具有综合竞争优势的行业则更加集中在矿产采选、能源供应、非金属矿物制品等行业。因此，资源密集型行业成为体现西部地区产业综合竞争力的主要依托。

尽管西部地区技术创新能力正在不断提高，但由于缺乏核心技术和专利等重要原因，资源密集型行业多数处于中低或低水平，产业竞争力不高。在没有先进技术支撑的情况下，一方面产业生产效率和产品附加值相对较低，低水平生产能力过剩；另一方面优势行业对原材料和资源能源价格波动的应对能力相对薄弱，在市场价格形成过程中

多处于被动地位，控制成本、提高市场竞争力的基础比较微弱。这些具有竞争力的资源密集型行业多属于高耗能、高污染的重工业[①]，除了未来将面临资源极限之外，在没有先进技术支撑的情况下还要面对生态化发展趋势，也使得可持续竞争力提升压力较大。

属于中高技术和高技术领域的医药、装备制造、通信和计算机设备、仪器仪表等行业在西部地区的竞争力较弱，多数行业以劳动密集型加工环节产品为主[②]。高技术行业发展滞后、自主创新能力不足，使得西部地区许多关键技术和装备严重依赖国外引进。近年来，西部地区也将培育战略性新兴产业作为提升产业技术水平、产业竞争力的重要途径（如表6.2所示）。然而，受产业基础、科技要素、创新人才等因素影响，西部地区战略性新兴产业较难与当地工业体系很好的对接，提升地区产业综合竞争力压力较大。

表6.2 "十二五"期间西部地区战略性新兴产业的选择

地区	战略性新兴产业选择
内蒙古	新能源、新材料、新医药、信息技术和节能环保产业
广西	节能环保、先进装备制造、生物、新能源汽车、新材料、新能源、生命健康、新一代信息技术产业
重庆	打造通信设备、高性能集成电路、节能与新能源汽车、轨道交通装备、环保装备、风电装备及系统、光源设备、新材料、仪器仪表、生物医药产业
四川	新一代信息技术、新能源、高端装备、新材料、生物、节能环保产业

[①] 目前，公认的六大高耗能行业分别为：化学原料及化学制品制造业、非金属矿物制品业、黑色金属冶炼及压延加工业、有色金属冶炼及压延加工业、石油加工炼焦及核燃料加工业、电力热力的生产和供应业。

[②] 中国人民大学商学院课题组. 提高我国产业竞争力[A]. 国家发展和改革委员会. "十二五"规划战略研究[C]. 北京：人民出版社，2010.

续表

地区	战略性新兴产业选择
贵州	新材料、电子及新一代信息技术、高端装备制造、生物技术、节能环保、新能源、新能源汽车产业
云南	生物、光电子、新材料、高端装备制造、节能环保、新能源产业
西藏	—
陕西	航空航天、新材料、新能源、新一代信息技术、生物技术、节能环保产业
甘肃	新能源和新能源装备制造业、新材料、新医药、生物制造、信息技术产业
青海	新能源、新材料、先进装备和生物产业
宁夏	新能源、新材料、先进装备制造、生物、新一代信息技术、节能环保产业
新疆	新能源、新材料、节能环保、生物制药、先进装备和电子信息产业

资料来源：根据西部各省（直辖市、自治区）发布的《"十二五"时期国民经济和社会发展规划纲要》进行整理。

三、生产性服务业竞争力较弱，区域产业竞争力提升的关联效应较低

从表 5.5 可以看到，从全国范围来看，西部地区生产性服务业发展整体滞后，大多数省份的生产性服务业竞争力普遍较弱，综合竞争力多处于全国中下水平；在区域内部，绝大多数省级行政区内排名靠前的服务业为"交通运输、仓储和邮政业""批发和零售业""金融业""住宿和餐饮业"等传统部门；而"信息传输、计算机服务和软件业""租赁和商务服务业"和"科学研究、技术服务和地质勘查业"等知识密集型行业竞争力明显不足。

从我国已有的研究分析和案例来看，效率竞争力的提升强调持续的技术创新、生产和管理能力以及相关产业的垂直整合；市场竞争力的提升则更倾向于渠道控制、品牌管理方面。持续的技术创新，需要

进行更多的基础研究和应用开发，对科研类服务的需求大；品牌管理和销售渠道则更多地依赖商务服务。高效专业化的生产性服务业可以替代工业内部的部分环节，促使工业升级；工业升级的同时也会促进生产性服务业的发展，带来生产性服务业外包种类和数量的增加，服务成本降低、质量提高，最终形成工业和服务业竞争力提升的良性循环（如图6.1所示）。然而，西部地区生产性服务业发展不足，导致服务业对工业引导、支撑作用不能充分发挥，在很大程度上妨碍了工业和生产性服务业自身竞争力的提高。

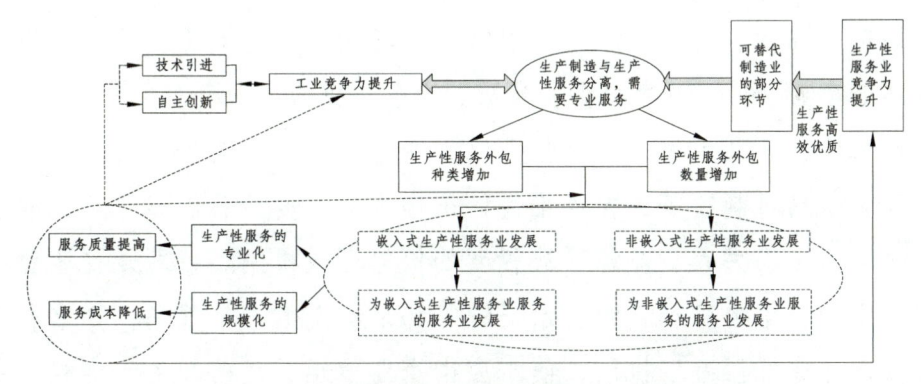

图6.1 工业和服务业竞争力提升的良性循环

注：非嵌入式生产性服务业主要包括批发零售业、教育培训业；大多数生产性服务行业属于嵌入式生产性服务业。

资料来源：根据《产业发展与结构转型研究》（芮明杰、赵小芸等著，上海财经大学出版社，2012年）第38页整理。

第二节 提升中国西部产业竞争力的政策建议

"十二五"以来西部各省（自治区、直辖市）均提出，培育和发展战略性新兴产业，壮大优势产业，改造提升传统产业，加快发展现代服务业，并以此作为提升区域产业竞争力的四大抓手。在此发展战略的总体取向下，根据前述评价分析特别是西部产业竞争力的现状和问题所在，结合发达国家和地区以及我国先进地区的实践经验，特提出以下提升西部产业竞争力的政策建议。

一、优化产业发展环境，理顺政府和市场的关系

提升西部产业竞争力首先需要优化产业发展环境。资源、技术、劳动力、资本等要素只有在区域产业体系中内生，才能有利于产业竞争力的形成与发展。为此，要坚持要素优化配置第一导向，充分发挥市场配置资源的决定性作用，以市场为导向，以企业为主体，加快各类产业要素、创新资源向企业集聚，使企业成为产业发展的投资主体、收益主体、责任主体，着力打造以企业为主体的产业生态链。深化资源要素市场机制改革，重点推进西部地区资源类产品价格改革，健全反映市场供求关系、资源稀缺程度的价格形成机制。特别是要调整和理顺土地、重要矿产资源、水资源等稀缺资源的价格关系，建立和完善生态环保补偿责任机制，使本应由企业承担、目前却由政府和社会承担的那部分成本，真正计入企业的投资和经营成本中，从而引导各类投资者和企业节约使用稀缺资源、主动调整产品结构和加大自主创新力度。

严格市场准入，强化安全、环保、能耗、物耗、质量、土地等指标的约束作用，加强对投资项目的审核管理。对那些技术含量和附加值低、产能过剩的行业，坚持新增产能与淘汰产能"减量置换"或"等量置换"的原则，防止淘汰落后产能反弹和新增落后产能。

优化政务服务环境，以创造良好的投资环境、提升行政审批效能为宗旨，进一步精简下放投资审批事项，推动下放地方管理的工业投资项目核准前置要件审批同步下放或授权下级机关审批。进一步拓宽民间投资领域，依法平等地向民间投资开放法律法规未明确禁止准入

的行业和领域，实行企业投资项目负面清单管理。打造基于"互联网+"的公共服务平台，创新服务理念、服务机制和服务方法，加快推进政府职能的不断转变。

二、加大技术创新投入，增强产业升级的支撑能力

西部地区的技术创新路径应当走模仿创新、二次创新[①]，即沿着"技术选择→技术引进→学习模仿→消化吸收→二次创新→提高研发、经营管理水平→产业升级"的路径。一个区域或城市要想引进和应用成熟的创新成果，进行模仿创新和二次创新，同样需要对自己的研究机构、人才、设备等方面进行大量投入，以提升自身的知识水平和创新能力。鉴于西部地区在创新环境方面的弱势，提升产业创新能力应主要做好以下方面的工作。

认真对接《关于加快培育和发展战略性新兴产业的决定》《中国制造2025》、"互联网+"行动计划、《关于大力推进大众创业万众创新若干政策措施的意见》等国家战略，强化企业创新主体作用，支持企业技术中心、产业协同创新联盟等创新平台建设，推动高校院所等重大科研基础设施向企业开放。鼓励主动吸纳创新、实力强的企业参与重大科技项目的决策、规划和组织实施，产业目标明确的重大科技项目全部交由企业牵头组织实施。

加大创新投入，尽快形成政府投入和社会投入互为补充的多元化研发投入体系。设立企业技术改造专项资金，引导银行和社会资金加大对企业技术改造的投入；实施鼓励企业大幅度增加研发投入的财税政策，降低企业开展自主研发承担的风险，以所得税前列支科研设施建设投资费用等税收优惠政策，支持企业自主开发符合技术进步方向

---

① 安果. 西部战略性新兴产业技术路径研究[M]. 北京：中国经济出版社，2013.

的产品；对重大共性技术在中试、产业化阶段给予资金支持，对企业自主研发的技术、专利的申请费、代理费等进行适当的资金补贴；通过贷款贴息、资金奖励等方式鼓励企业引进重大技术项目或者技术改造项目。

积极发展有利于科技创新的公共服务平台和中介服务机构。整合科研资源，着力建设工业设计、检验检测、试验试制、技术咨询和推广等共性技术服务平台，依托各类专业园区，高起点建设一批孵化器。强化科技中介服务，完善创业服务、技术交易、知识产权和科技成果转化等高技术服务业平台，促进科技成果转化。充分发挥行业协会在区域创新体系建设中的作用。支持本土生产性服务业做大做强，向高端化方向发展。

强化知识产权保护工作。制定战略性新兴产业知识产权发展计划，加强知识产权保护，激励企业自主创新。充分利用省、市技术交易市场的平台功能，促进知识产权价值市场化。培育和发展知识产权服务业。完善科技与金融结合机制。健全知识产权质押信贷制度，建立多层次的知识产权质押融资体系，推进科技型中小企业知识产权质押融资发展。

加快深化科技人员创新体制改革。从科技人员兼职取酬、离岗转化科技成果和创办领办科技企业、科研成果转化的收益分配、转制院所的创新发展、科研项目单位内部管理等方面，制定改革试点突破性政策。在资产处置、职务科技成果知识产权的分割确权和成果转化收益分配中，进一步强化对科技人员的激励，鼓励科技人员创业。鼓励通过企业技术中心改制、科研团队携重大创新成果实体化、职务科技成果混合所有制等方式实现成果转化，鼓励技术和创新成果参与企业收益分配，认真落实企业创新投入税前加计扣除政策。

三、全面深化对外开放合作，切实提升产业外向度

积极承接产业转移。抢抓东资西进、外资西移的机遇，进一步创新承接产业转移体制机制和打造良好的载体。立足现有优势产业，围绕"高端化、高新化、高智化"，着力引进和培育一批高端产业、高新技术、高端环节领航的优势新兴产业重大项目。瞄准重点产业，抓战略引进，突出产业高端和高端产业，优先承接特色优势产业或有竞争潜力的产业、战略性新兴产业和物流、金融、信息服务、研发设计等生产性服务业。

切实加强区域合作。依托两江新区、天府新区、西咸新区、兰州新区等国家新区和成渝经济区、关中—天水经济区、环北部湾经济区等重点经济区，不断创新产业招商形式，切实加强与长三角、珠三角、环渤海经济区等发达地区的合作，打造西部产业核心增长极。抢抓长江经济带建设机遇，加快推进重庆、四川、贵州、陕西、云南等地的基础设施建设，提升产业承载能力。大力推动国际合作，抢抓"一带一路"、"孟中印缅经济走廊"、第三批自贸区建设等国家战略机遇，进一步拓展西部产业国际合作空间。鼓励有条件的本土企业到海外投资办厂、设立分支机构、兼并收购、上市融资、开发资源、参加国际展会、参与国际招投标和建立各类经贸合作区，提升国际化经营能力和国际竞争力。重点推进资源依赖型、成本敏感性、市场导向型产业"走出去"，鼓励具有工程总包能力的企业加快走出去。

四、坚持建设资源环境友好型社会，加速淘汰落后产能

大力发展循环经济园区。推进循环经济示范园区建设，大力推进产业园区内物料闭路循环和企业间资源循环利用。充分发挥龙头企业的带动作用，拓展和优化行业内部及行业间的产品链和废物链。推广

循环经济典型模式，重点在钢铁、有色、煤炭、电力、化工、建材、轻工等传统行业开展循环经济试点。大力发展静脉产业，积极发展再制造产业。完善促进循环经济发展的机制和政策，建立完善循环经济统计评价制度和标准体系。

推进产业绿色发展。开展规划环评、项目环评等环境影响评价工作，严格落实建设项目污染设施"三同时"制度和环境风险防控措施。加快污水集中处置等环保基础设施建设，完善污染物排放在线监测体系，加强大气污染物治理及固体废弃物减量化、无害化和资源化处置和管理，强化污染物总量控制目标。强化危险化学品的管理和危险废弃物处置的监管，强化重金属和持久性有机污染物防治、固体废物监管和危险废物处置，对污染减排工业项目和不稳定达标的企业实行挂牌整治。全面实施排污许可制度，在重点污染行业推行环境污染责任保险，实和完善环保税费制度。

推进产业低碳发展。制定产业能耗标准，严把项目准入关，慎重发展高耗能产业。完善能源管理体制，加强节能调度，实现能源需求管理由侧重应急调节向侧重制度调节转变，提高能源利用率。加快低碳技术和设备研发应用，鼓励企业利用新技术对现有用能设备和工艺进行改造、降低产品单耗，扩大太阳能、光伏发电、浅层地热能源等新能源的示范应用。对超能耗、电耗企业和产品，按电价加价标准严格落实惩罚性电价政策。建立和完善温室气体排放统计核算制度，完善节能减排的投入机制和市场化机制，积极推广清洁发展机制（CDM）、合同能源管理（EMC）等市场化节能减排新机制。积极开展各项节能工作，推进低碳企业试点示范。

加快淘汰传统产业落后产能。着力加强供给侧结构性改革，引导过剩产能供给侧减量和结构调整，达到与需求侧相适应的新水平，提高经济增长质量和效益，全面提升西部各方面的要素生产力。强化经济调控措施，充分利用能源资源价格杠杆淘汰落后产能。支持落后产能企业通过各种形式的整合重组、创新引进技术来提升企业的装备工艺水平，达到国家产业政策要求。建立落后产能退出补偿机制，通过综合应用财政补助、税收优惠、土地开发置换、资金融通等政策，统筹解决淘汰落后产能的资产补偿和人员安置等问题。强化政策和行政约束，加大执法监管力度，健全监督检查和考核问责机制。

加强生态文明建设。加大生态环境保护力度，积极落实各项环保措施，强化环境基础设施建设，加强环境综合整治和生态修复，实施绿色产业、绿色交通、绿色照明、绿色建筑等一批示范工程。提升环境监测监控能力，维护生态安全。加强公共绿化建设，大力宣传生态绿色生产生活理念，提升政府、企业、居民生态责任意识，推行政府绿色采购、绿色办公，积极倡导企业绿色商务办公，培养公众绿色消费理念和习惯，鼓励公众更多选择节能产品。

五、完善人才培养机制，全面提高行业企业劳动者素质

产业竞争力提升必须有各种各样高素质的产业人才作为支撑或支柱，西部地区需要进一步加大教育投入和推进义务教育均衡化发展；要充分挖掘人力资源潜力，逐步建立面向区域经济发展需要的多层次教育培训体系，增加高素质、高技能、具备创新意识的高级人才供给，尽快缓解产业发展高端人才不足的局面。

面向经济贸易全球化、技术革新快速化、市场需求多样化，大力促进西部地区现有高校、社会培训机构和中等职业学校的专业设置调整，着力发展多层次、多类型的职业教育。加快高层次技术工人培养，进一步优化各类职业技术学校的专业设置和创新培养模式，积极构建面向高端产业和产业高端以及战略性新兴产业的学科体系。积极对接省（自治区、直辖市）内各类高校院所和国内行业骨干企业，开展联

合办学、定向培养、岗前培训、企业实训。

着力加强领军人才和领军团队的引进。面向海内外引进和集聚急需紧缺的各类高层次人才，打造"高端人才集聚、科技创新活跃、政策环境优化、新兴产业快速发展"的人才管理改革试验区，使其成为各类人才创新创业的集聚区、推动区域转型跨越发展的先行区。创新人才引进方法，探索"柔性引才"，鼓励联合引才。做好中青年领军型人才、科技带头人、高端创新创业人才和职业经理人的招聘、培训与考核激励工作。特别是针对西部地区先进制造业和现代服务业人才普遍短缺的现状，要大力引进或培养职业经理人和信息技术、生物技术、智能制造、现代物流、会展策划与产业管理等方面的高端人才，构建与国内外人才竞争相适应、与海内外接轨的人才发展新机制，切实落实各项人才使用的激励政策，在人才项目资助、知识产权保护、自主创新扶持、股权激励、企业投融资、信贷服务、税收优惠、住房保障以及人才流动等重大政策和体制机制创新上先行先试。